MW01264874

PSICOFONÍAS

EL ENIGMA DE LA TRANSCOMUNICACIÓN INSTRUMENTAL

PSICOFONÍAS

EL ENIGMA DE LA TRANSCOMUNICACIÓN INSTRUMENTAL

JOSÉ IGNACIO CARMONA

nowtilus

Colección: Investigación abierta
www.nowtilus.com

Título: Psicofonías: el enigma de la Transcomunicación Instrumental
Autor: © José Ignacio Carmona

© 2010 Ediciones Nowtilus S. L.
Doña Juana I de Castilla 44, 3º C, 28027 - Madrid
www.nowtilus.com

Diseño y realización de cubiertas: Ediciones Noufront
Diseño del interior de la colección: JLTV

ISBN 13: 978-84-9763-930-9
Fecha de publicación: junio 2010

Printed in Spain
Imprime: Graphycems
Depósito legal: NA-1263-2010

A mi mujer Mª Carmen Beceiro y a mi hija Iria.
A mis padres, al Aleph y al resto de mis «hermanos»
repartidos por el mundo.
A la memoria de mi perra Golfa y a todos mis muertos,
en especial a mis abuelos, mamá Fidén y Lolo.
A mis tíos políticos Coqui y Félix,
en memoria de su hijo Félix.
Este libro no habría sido posible sin la ayuda inestimable
de Anabela Cardoso, Joaquín Abenza, César Pachón,
Iván Hitar, Dalmiro Ubiña y, sobre todo,
de Javier Royo Urbano.

El mundo de la transaudiocomunicación instrumental está ligado a una terminología difícil y comprende aspectos humanos que van más allá de sus bases teóricas. Detrás del sencillo gesto de apretar un botón, se genera una expectación que hace que pongas los cinco sentidos en la esperanza de hallar un mensaje tras el inquietante y cadencioso silencio. Cuando de pronto… surge una voz, como salida del éter, que hace que dejes de lado todas tus teorías preconcebidas al volver a escuchar, después de muchos años, un apelativo cariñoso perdido en el tiempo y en la memoria de los que se han ido. Nada importa que tus seres queridos hayan mutado a una partícula gravitando en el azul difuso de la nada, o que el mecánico ruido de la cinta te saque de tus abstracciones, de pronto, queda la constancia de una voluntad invisible que subvierte el curso de las cosas. Eso es lo que se viene a llamar una psicofonía.

Nota del autor escrita en 1991
a los pocos meses de fallecer su abuela.

ÍNDICE

Prólogo de Joaquín Abenza 15

Prefacio 19

Capítulo 1: Introducción al mundo
de las psicofonías 21
    Pero ¿desde cuándo tenemos
    constancia de las psicofonías? 22
    ¿Qué son las psicofonías? 23
    ¿Qué es algo paranormal? 24
    ¿Qué es la TCI? 24
    Factores técnico-ambientales
    a tener en cuenta 26
    ¿Las psicofonías son un fraude? 31
    ¿Fenómeno electromagnético o acústico? 33
    ¿Las psicofonías son siempre
    sonidos de baja calidad? 34
    ¿Quiénes se interesan por las psicofonías? 35

¿Qué nos cuentan las psicofonías? 37
¿Entraña riesgos experimentar
con las psicofonías? 39
¿Qué sabemos a ciencia cierta
sobre las psicofonías? 41

Capítulo 2: El viejo fenómeno de las voces............. 47
La curiosa historia del Cronovisor.................. 56
Los trabajos de Raymond Bayless................... 58
La historia oficial: Jürgenson y Raudive.......... 61
El matrimonio Damaros 69
La investigación después
de Jürgenson y Raudive................................ 70
Las comunicaciones por televisión,
ordenador y teléfono.................................... 73

Capítulo 3: Nuevas corrientes de investigación 79
La cosmovisión y el uso de técnicas fractales.... 79
El proyecto Sfinge.. 81
El prodigioso mundo de la mente
en relación a los fenómenos paranormales
y la producción de psicofonías 83
    Campos colectivos globales 85
    La codificación de la conciencia 87
    Mecánica y proceso
    de las comunicaciones............................ 88
El proyecto Aware 90

Capítulo 4: Teorías e hipótesis............................. 97
Los protagonistas del fenómeno 98
    Los investigadores 98
    Las máquinas 101

Los lugares 102
Las voces 105
El inconsciente... 111
El factor humano 113
La telepatía 116
Sociología del contacto 118
Las experiencias 123
La noche de las psicofonías 135
Extrañas patologías y curiosidades
asociadas a la personalidad y al lenguaje 139

Capítulo 5: Técnicas para la práctica psicofónica 143
Sobre el equipo 143
Sobre las cintas de casete 144
Sobre los micrófonos............................... 144
Sobre las grabadoras............................. 145
Diferencias entre
grabadoras analógicas y digitales.............. 147
Métodos de grabación............................ 147
Proceso de grabación............................ 148
Software 151
Estudio de la voz................................. 152
Digitalización de las psicofonías,
proceso y archivo 154
¿Cómo se suprime la onda portadora?...... 155
Cómo es el método de la
transradiocomunicación.......................... 156

Epílogo de Anabela Cardoso 161

Directorio web de psicofonías
y fenómenos extraños................................ 163

Glosario 169

Obra consultada 175

Bibliografía 177

Anexo 1:
Informe íntegro del proyecto
*Updated replication of EVP experiments
with Jürgenson and Raudive using contemporary
experimenters and more sensitive equipment*
(VIGO) 5/6/7 AGOSTO 2008 179

Anexo 2: Ejemplos reales de psicofonías y VDR..... 235

Anexo 3: Otros documentos gráficos.................... 237

PRÓLOGO

La primera vez que escuché hablar acerca de las psicofonías apenas tenía edad para entender de qué se trataba. Recuerdo que debió de ser a finales de la década de los sesenta; cuando el fenómeno estaba casi recién descubierto. Por aquel entonces yo no debería tener más de siete u ocho años. Como todos los niños, tenía la fea costumbre de escuchar las conversaciones de los mayores y alguien comentó el tema sin saber que yo estaba con la oreja bien dispuesta:

—En el extranjero han grabado voces de muertos.

—Parece ser que poniendo un magnetófono a funcionar en un lugar totalmente silencioso, han conseguido grabar voces que nadie escuchó mientras se registraban.

Aquello era terrible, ¿cómo podía alguien grabar las voces de los muertos?, ¿acaso los muertos podían hablar?, y si es así, ¿cómo lo hacían?

Curiosamente, más que sufrir temor (que también lo hubo), aquel niño que fui, hace tanto tiempo, se sintió invadido por una enorme curiosidad. Una sensación de atractivo misterio llenó todo mi ser y provocó en mí el deseo de saber más de aquellas voces imposibles, de aquel fenómeno tan extraño como escalofriante.

El tiempo pasó y mi interés por el misterio de las «voces sin rostro», como las bautizó el maestro Sinesio Darnell, creció con los años. Poco a poco me fui informando sobre el tema y formándome en aquellas materias que necesitaba para poder estudiarlo, hasta llegar a un punto en que me percaté de la verdadera dificultad de su estudio, así como de la necesidad de derrochar grandes dosis de esfuerzo y dedicación para trabajar seriamente en el mismo.

Debido a esto, no es fácil encontrar investigadores que dediquen el tiempo y los recursos necesarios para desarrollar un trabajo con las mínimas garantías de rigor y metodología. Por eso, cuando conocí a José Ignacio Carmona me di cuenta de que estaba ante un investigador singular.

En un tiempo en el que muchos se llaman a sí mismos «investigadores» y lo único que hacen es hablar de cosas que raras veces —o que tal vez jamás— han experimentado, encontrarse con una persona centrada en la verdadera investigación, ajena a la búsqueda gratuita de la fama y volcada por completo en el estudio empírico de un fenómeno tan especial, es todo un lujo.

He tenido la suerte de seguir muy de cerca los últimos trabajos de José Ignacio Carmona, Iñaki para los amigos, y puedo dar fe del tesón con que los ha desarrollado, así como de la ilusión que ha impregnado toda su actividad.

El fenómeno de las psicofonías requiere de estudiosos que desprovistos de prejuicios, y con la cabeza muy fría, planteen hipótesis y diseñen experimentos para comprobarlas. Es un camino duro donde se puede tender con facilidad al desánimo y al abandono. Por otra parte, la dimensión trascendental que, querámoslo o no, presenta el fenómeno supone también un riesgo emocional para el experimentador. No saber guardar las «distancias mínimas» puede acarrear malas consecuencias para el equilibrio psicológico a quien no sepa enfocar adecuadamente el trabajo. Desgraciadamente existen casos muy tristes que nunca debieron haberse producido. Esto no es un juego.

Para los que somos partidarios de una hipótesis relacionada con las potencialidades desconocidas de la mente humana, el que un investigador pueda estar en contacto con su propio subconsciente podría ser incluso más peligroso que admitir que son las voces de seres fallecidos las que nos hablan, pues no hay peores demonios que los que cada uno lleva dentro.

Por eso, amigo lector, debemos congratularnos de tener este libro entre nuestras manos, pues es el fruto de muchos años de experiencia y trabajo en el mundo de la parapsicología, en un campo complejo como es el universo de las psicofonías, y más concretamente en lo que técnicamente se denomina «transcomunicación instrumental».

La presente obra viene a aportar elementos muy valiosos para todos aquellos que quieran conocer el fenómeno de las «voces de Raudive» en profundidad. Sobre todo, ofrece el saber acumulado de un incansable buscador de misterios, que trabaja desde los postulados

17

más racionalistas, pero con una mentalidad abierta a todas las posibles causas que puedan provocar tan desconcertante enigma.

Joaquín Abenza

Director del programa *El Último Peldaño*
Onda Regional de Murcia
Radiotelevisión de la Región de Murcia

Prefacio

Los que nos interesamos por el fenómeno de las voces electrónicas algún día seremos como el coleccionista que precede al científico. Vamos dejando un rastro de datos inconexos que en un futuro serán de gran utilidad. Que nadie olvide que la investigación, no únicamente la parapsicológica, surge del azar y de la necesidad.

En cuanto a dónde ubicar la génesis de las voces sin dueño todo apunta al cerebro como su eje vertebrador, ya sea como su punto de partida o como una simple estación de paso.

Bergoson[1], una autoridad mundial en los procesos cognitivos del cerebro, establece en sus teorías relacionadas con la memoria y la percepción de los sentidos que la función del cerebro, del sistema nervioso y de los órganos sensoriales es eliminadora, no productiva. La razón por la que se producen fenómenos tan insólitos

---

[1] Huxley, Aldous. *Las puertas de la percepción. Cielo e infierno.* Colección Índice. Buenos Aires: Editorial Sudamérica, 1973.

como los de las voces paranormales podríamos hallarla en la disminución de la eficiencia biológica de nuestro cerebro, que al estar predeterminado para la mera supervivencia, en determinadas circunstancias, permite la intrusión de sucesos excluidos por su inicial pragmatismo.

Esto lo conoce bien la parapsicología y, valiéndose de determinadas técnicas, podemos reconducir al sujeto hacia nuestros fines experimentales. Sacar al sujeto de su estado de vigilia se consigue, por ejemplo, con una simple lámpara estroboscópica dirigida al nervio óptico. Como veremos, la práctica psicofónica suele realizarse al aire libre y no está sujeta a mecanismos de control, pero, aun así, alrededor de una grabación se dan determinadas circunstancias que predisponen al sujeto para que el fenómeno tenga lugar. Los investigadores del Instituto de Metapsíquica Internacional de París hablan de que las capacidades «psi» pueden atender a una función primitiva antes que evolutiva, por lo que la separación entre mente y cuerpo no debería ser un dogma de las nuevas corrientes parapsicológicas. En resumen, aceptan que estas facultades puedan estar sistematizadas en el propio ser humano. Nadie debería sentirse molesto, ya que al aducir que el fenómeno es «mental», lejos de estar menoscabándolo, se está situando en el mejor de los escenarios.

1

INTRODUCCIÓN AL MUNDO DE LAS PSICOFONÍAS

Hace ya muchos años acampé en el abandonado monasterio de Caaveiro, cerca de Pontedeume, en Galicia. Me contaron que muchos años atrás, en el interior de sus estancias subterráneas se había llevado a cabo abusos, por parte de los monjes, para con algunas doncellas del entorno. Procedí a realizar una grabación con la intención de recoger sonidos paranormales y, apenas transcurridos unos minutos, aparecieron una serie de voces femeninas llenas de temor y de una gran angustia. Ciertamente los lugares «hablan», y no puedo decir que aquellas voces fueran algo así como improntas psíquicas o simples ecos de un tiempo remoto. Su misterio, el misterio de las psicofonías, es que respondían en tiempo presente y encajaban en el contexto inmediato de la experiencia.

En otra ocasión decidí aparcar el coche junto a una iglesia de una pequeña parroquia cerca de Santiago. Suelo encabezar la grabación con el nombre del lugar, en este caso hablamos de la iglesia de San Vicente de Aguas

Santas. Súbitamente, recién iniciada la grabación, tras pronunciar el nombre de la iglesia, se registró una voz de mujer que en tono lastimoso apuntaba: «aún tiene llagas». Allí únicamente estaba yo e incomprensiblemente aquella voz me revelaba un dato muy preciso sobre la hagiografía del santo, información que en absoluto conocía.

Esa es la sensación que te transmiten los mensajes de las psicofonías, la de estar acompañado por invisibles presencias que se improvisan como guías, acompañantes o desairados interlocutores dependiendo de la ocasión, de tal suerte que, como entonces, no cuesta imaginarse a cualquier devota parroquiana haciéndote partícipe de la vida y obra del santo.

Si alguna vez ha escuchado usted hablar de psicofonías se preguntará cómo en pleno siglo XXI hay quienes aseguran que, detrás de esos ruidos tan molestos al oído, se esconden mensajes pertenecientes a personas fallecidas. Seguramente haya sentenciado que el mundo no ha evolucionado en algunos aspectos y que este ha adaptado a nuestra época ciertos mitos y creencias más propios de otras épocas.

¿DESDE CUÁNDO TENEMOS CONSTANCIA DE LAS PSICOFONÍAS?

En el siguiente capítulo veremos cómo el «contactismo» por medio de personas, objetos y más tarde máquinas, es un hecho que se pierde en la noche de los tiempos. Sirva como botón de muestra cómo ya en 1934 el ingeniero Lorenzo Manzini anunció el fenómeno a través de la supuesta comunicación del espíritu de un científico por boca de la médium Bice Valvonesi: «En los próximos años se descubrirá en el campo del electromagnetismo algo que permitirá hablar con los difuntos de forma directa».

¿QUÉ SON LAS PSICOFONÍAS?

El término psicofonía es una manera sencilla de definir aquellos sonidos de aparente contenido, grabados sin explicación en soportes registrables. Pero esto termina por convertirse en un cajón de sastre donde meter un variopinto espectro de incidencias. En el transcurso de la grabación sobrevienen muchas causas que pueden confundirnos en una posterior audición, consecuentemente muchas de las «voces paranormales» tienen una explicación técnico-ambiental. A la hora de hablar de psicofonías deberíamos hablar de un sonido, palabra o frase cuya sobreimpresión no admite una contra-hipótesis racional válida.

Frente a una psicofonía nos enfrentamos a dos retos, resolver su autenticidad y ofrecer una explicación más o menos satisfactoria. Para saber si estamos ante una psicofonía real podemos ayudarnos de herramientas de análisis, pero a la hora de intentar explicar qué son y de dónde vienen las psicofonías nos encontramos con que, aunque sus características sean más o menos conocidas, estas se manifiestan de manera aleatoria. Como a día de hoy no existe una respuesta totalmente satisfactoria que explique las verdaderas psicofonías, las encasillamos en el terreno de lo paranormal.

¿Qué es algo paranormal?

Sencillamente es aquello que no se puede explicar en términos de la ciencia actual, ni es compatible con la norma de percepciones, creencias y expectativas referentes a la realidad.[2]

Enfrentados a un fenómeno de estas características, debemos echar mano de una disciplina aún en estado embrionario como es la parapsicología. Básicamente, esta disciplina se ocupa del estudio del entrelazamiento de hechos psicológicos poco usuales, algunos de lo cuales, como veremos, pueden ser registrados por una máquina, lo cual nos va acercando poco a poco a la mecánica de las psicofonías.

A lo largo de estas páginas el uso del condicional estará muy presente, pues es nota característica de los enunciados parapsicológicos ofrecer respuestas extraordinarias a sucesos extraordinarios. En este libro me referiré a esas voces sin dueño indistintamente como psicofonías, parafonías o cualquier otro uso coloquial de conocimiento general. Asimismo haré mención a la disciplina que se ocupa de su estudio: la transaudiocomunicación instrumental, bajo la abreviatura TCI.

¿Qué es la TCI?

Se hace necesario puntualizar que las siglas TCI solo hacen referencia a una técnica o conjunto de técnicas

---

[2] www.wikipedia.org. Definición de Alcock, J. E. *Parapsychology - Science or Magic? A psychological perspective.* Nueva York: Pergamon Press, 1981.

que se basan en el uso de distintos soportes registrables con el fin de obtener comunicaciones supuestamente inducidas por una causa paranormal. A esta desconocida «causa paranormal» se le denomina «voces», infiriéndole la doble cualidad de efecto-causa, por tanto y cuanto se desconocen todos los mecanismos que intervienen en su génesis. La expresión TCI no es más que una definición neutra, pues es frecuente en la fenomenología paranormal el que nos veamos limitados por el lenguaje.

La TCI no es una segunda religión, como técnica o conjunto de técnicas sencillamente nos ofrece unas evidencias físicas desconcertantes en forma de grabaciones. Todo efecto tiene su causa, y para estas voces no encontramos una explicación racional convencional, por lo que debemos suponer que provienen de una realidad de naturaleza ampliada. En absoluto la TCI trata de dogmatizar o revelar una verdad trascendente, es el sujeto quien, desde su visión personal, acomoda el fenómeno a su propio sistema de creencias. Cabe preguntarse si nuestros fallecidos quieren transmitirnos esperanza a través de sencillas comunicaciones, o si la prudencia invita a recelar precisamente porque lo hagan de manera tan pueril.

Se nos ha explicado que la causa por la que nuestros interlocutores del otro lado registran mensajes de manera telegráfica y rudimentaria se debe al tremendo esfuerzo energético que les debe suponer. Pero ese mismo argumento sería igual de válido para la hipótesis de que los mensajes respondan a un fenómeno telequinésico.

No obstante, habría que preguntarse si nuestro metabolismo es capaz de generar y dirigir energía suficiente como para intervenir sobre una grabadora. Desde un punto de vista positivista todo ello es una aberración, pero los parapsicólogos hablan de la existencia de un campo al que llaman «beta», cuyas fuerzas estarían orientadas en una dirección perpendicular a nuestro marco tridimensional conocido. La conclusión sería que las fuerzas capaces de interaccionar con el entorno no tendrían su origen en nuestra masa celular, sino que serían moduladas presumiblemente por nuestro órgano director, el cerebro. En resumidas cuentas, nos encontramos ante un fenómeno que nos depara explicaciones contradictorias y soluciones muy peregrinas.

Efectivamente, ni siquiera la parapsicología puede explicar, sin acudir a teorías arriesgadas, qué produce una psicofonía y quién o quiénes son los que contestan inteligentemente a las preguntas de los experimentadores.

FACTORES TÉCNICO-AMBIENTALES A TENER EN CUENTA

Algunos experimentadores, que a su vez son técnicos y radioaficionados como César Pachón, han creído hallar explicaciones alternativas para determinados sucesos ligados a las psicofonías.

Por ejemplo, hacen mención a cómo, debido a la velocidad de la luz (finita), es posible observar una estrella en tiempo presente desde nuestra posición, cuando realmente ha podido desaparecer hace millones de años. Así, es posible recoger excepcionalmente contactos de radio vía HF con un retardo de más de ochenta horas. Descartando que la señal de radio esté dando vueltas a la tierra por los caminos convencionales (rebote tierra-ionosfera) y conociendo la potencia y la frecuencia con la que estamos transmitiendo, podemos deducir cuántos rebotes se han producido en atención a la pérdida total de potencia y el tiempo que ha tardado la onda en alcanzar de nuevo a la antena inicial. Los receptores no tienen la suficiente sensibilidad, ni la necesaria relación señal/ruido, para recibir lo poco que queda de la emisión original.

De otra parte, puede suceder excepcionalmente que los componentes de los soportes funcionen como antena, o que en determinadas técnicas, como la transradiocomunicación, se nos cuelen emisiones convencionales a través de los módulos de amplificación. El mismo «padre» de las psicofonías, Konstantine Raudive, confundió en más de una ocasión las emisiones de Radio Luxemburgo con voces paranormales.

Lo cierto es que es posible explicar muchas de las hipotéticas voces paranormales con argumentos parecidos. Al analizar estas hipotéticas voces directas de radio obtenidas mediante la técnica de la transradio (interaccionar un grabador con un aparato de radio), se ha verificado que un número significativo de ellas responden a una errónea desmodulación de la señal recibida.

Por otra parte, es muy común observar cómo, en un recinto de apenas unos metros cuadrados, un equipo formado por un número elevado de personas despliega una batería de equipos más propios de una película de ciencia ficción. Lo que aparentemente pretende ser una mayor garantía, termina por convertirse en desaconsejable por razones prácticas. El excesivo concurso de aparatos (las más de las veces inservibles), unido a la extrema sensibilidad de los mismos, genera ruidos parásitos y

Konstantine Raudive, considerado «padre» de las psicofonías,
confundió en más de una ocasión las emisiones de
Radio Luxemburgo con voces paranormales.

contribuciones suficientes para que sea imposible afirmar como extraordinario lo que en el 90% de los casos debería producir sonrojo. Me pregunto si no es mucho más sencillo restringir el número de participantes a los necesarios y operar con aparatos de calidad aceptable pero con criterios estrictamente funcionales.

Una investigación parapsicológica en toda regla conlleva el uso de aparatos especializados supervisados por físicos, capaces de localizar y evaluar variantes tan minuciosas como la presencia o no de agentes biológicos (ratones, termitas), el diseño geo-sísmico anómalo de una estructura que pueda generar resonancias, las perturbaciones dinámico-acústicas de la red doméstica, y un largo etcétera, pero toda esta instrucción ha de realizarse previa a la experimentación psicofónica.

En un estudio pormenorizado de un habitáculo, podemos hallar explicación a hipotéticas voces en la presencia de ruidos de origen higroscópico (la humedad dilata las fibras de la madera, pongo por caso), de tensiones térmicas, o de corrientes subterráneas, por no hablar de infinidad de sonidos que escapan a nuestro espectro auditivo. Además, el hecho de llevar a cabo las experimentaciones en escenarios no convencionales (como exteriores e interiores iconográficamente ligados a lo tenebroso), genera al mismo tiempo un estrés que nos hace pasar por alto todos estos ruidos.

Muchas palabras o sonidos son tomados como voces paranormales, pues al no permanecer absolutamente callados y movernos en el campo de acción del micrófono, los susurros, y ruidos generados por la simple acción de nuestros movimientos, alteran su resonancia. Sucede que, por la conformación del habitáculo y atendiendo a los distintos materiales empleados en su construcción, esos sonidos se convierten en inquietantes «ilusiones fónicas» debido a su reflexión natural. Respecto a los pretendidos «mensajes», un simple carraspeo, un sencillo roce o un ruido de tripas adquieren la categoría de voz en el mismo momento en que alguno de los presentes improvise un contenido ilusorio. Obviamente, el hecho de no haber oído nada extraño, incluso por más de una persona, no está en contradicción con la extrema sensibilidad de los micrófonos.

Una de las características de las psicofonías y por ende de la fenomenología paranormal es lo que viene a llamarse el paradigma sensorial o pareidolia. Nuestra mente, al recibir una información incompleta a través de los sentidos, tiene una tendencia natural a completarla buscando modelos o patrones almacenados. No obstante, intentar reducir el fenómeno solo a esta explicación es tan absurdo como no tenerla en cuenta.

Seamos claros, aproximadamente un 95% de las supuestas voces se explican en el contexto anterior, su credibilidad se reduce a la honestidad de la fuente y a la mayor o menor cautela que afirmemos haber tomado durante la experimentación. Lo cual, como hemos visto, no solo no es suficiente, sino que termina por volverse en contra del propio fenómeno.

¿LAS PSICOFONÍAS SON UN FRAUDE?

En absoluto, pero los errores apreciativos son muy habituales. El hecho de que un alto porcentaje de voces puedan ser cuestionadas no desacredita al fenómeno, sino a los métodos y a las personas.

El término asociado al mundo de las voces conocido como «falsos positivos» no habla de una voluntariedad por parte del experimentador de promover un fraude, sino de una precipitada validación de un sonido natural debido al desconocimiento de los procesos o canales de su registro.

Existen programas que nos señalan gráficamente en el espectro cromático del sonograma cómo en las voces de las psicofonías no existe «golpe de glotis», lo cual indica que no ha sido pronunciada por una garganta humana. Esto de por sí no autentifica una voz, pero nos da pistas para que, conjuntamente con el uso de otros programas más sofisticados, podamos determinar con mayores y más precisas informaciones el origen y características de una voz. Ahora bien, el manejo de estos programas requiere de conocimientos fonéticos e informáticos que van más allá de un nivel de usuario.

La manera más simple de autentificar una psicofonía, cuando se carece de recursos técnicos, es aplicar el sentido común. Esto supone fijarse unos niveles de exigencia que nos haga trabajar solo con aquellos archivos razonablemente audibles y entendibles. Someter a preguntas a nuestros invisibles comunicantes no tiene como único objeto recabar información sobre aquellos o la conformación de su mundo, sino que un cuestionario bien diseñado puede indicar si el fenómeno interacciona

Jose I. Carmona junto a Fernando Jiménez del Oso durante las
jornadas Vida después de la vida, Hellín (Albacete).

inteligentemente con nosotros. En cierta ocasión pregunté en una antigua encomienda templaria por «algún
hermano templario que esté cerca», recibiendo por contestación en apenas unos segundos: «sí, estamos cerca».
En casos así, se sobrentiende que es muy difícil aludir a
intromisiones espurias.

Sin embargo, esto no debería ser suficiente para los
especialistas; más allá de grabar y autentificar voces, se
hace necesario controlar el proceso que nos lleva hasta
ellas. Para ello, se suele fabricar el contexto en el que se
produce una voz inyectando frecuencias con unos valores fijos, para después precisar oscilográficamente si se
ha producido una anomalía de los valores de referencia.
Habría que hablar en este caso de un concienzudo
trabajo de laboratorio y no de improvisadas experimentaciones de campo.

Otros métodos nos llevan a modificar las características técnicas de determinados aparatos. En el caso de las
«voces directas de radio» (VDR), solemos anular el sinto-

nizador del dial, de tal modo que minimizamos el riesgo de recibir sonidos normales al operar entre emisiones convencionales. Una práctica muy extendida es utilizar varias micro-emisoras que generen diferentes espectros de ruidos (blanco, marrón, etc.,), reconduciéndolos mediante un mezclador hacia un programa informático de grabación. Una puntualización muy importante de por qué se emplean diferentes ruidos y portadoras es que la causa paranormal necesita de un aporte suplementario para manifestarse. Este puede ser lumínico, acústico o herciano, de tal modo que se sirve de ese sustrato para impresionar sus mensajes.

En grabaciones a campo abierto, una buena recomendación es llevar más de una grabadora con el fin de cotejar los posibles ruidos ambientales, teniendo en cuenta que ambas grabadoras deberán ser modelos similares, puesto que si no es así se podrían producir frecuencias de respuesta diferentes. El motivo de usar dos grabadoras no es otro que observar si, en el momento de la sobreimpresión, la voz se ha sincronizado en ambas, pues generalmente las voces solo deberían recogerse en una de ellas. Si queremos tomar más medidas de prevención, es aconsejable servirnos de barreras electroacústicas para impedir la afectación del campo geomagnético y pantallas de radiofrecuencia que inhiben el paso de ondas hercianas.

¿Fenómeno electromagnético o acústico?

Solo sabemos que la causa paranormal se ayuda de un sustrato para operar, y desconocemos si lo hace a través del canal lógico de registro, es decir, del micrófono. La causa paranormal o nuestros comunicantes, como queramos llamarles, obran incluso en el interior de jaulas de Faraday (que inhiben la acción de campos electromagnéticos externos), o en el de cajas anecoicas (llamadas vulgarmente cajas sordas, que tienen el fin de atenuar las ondas de presión). En el vacío de campanas neumáticas no me consta que se hayan obtenido hasta la fecha psicofonías reseñables.

Sospechamos que necesariamente tenga un patrón mayoritariamente acústico, pues, al prescindir del micrófono, el fenómeno tiende a remitir, aunque no desaparece del todo.

¿LAS PSICOFONÍAS SON SIEMPRE SONIDOS DE BAJA CALIDAD?

No, sencillamente los dispositivos como grabadoras de bobina abierta, tipo Revox, eran poco frecuentes en manos de aficionados, posteriormente el uso más generalizado lo encontramos en antiguas grabadoras analógicas de casete que ofrecían una calidad muy pobre. Si a esto unimos el uso profano de las herramientas de edición de sonido, en las primeras épocas de la era del ordenador, se terminaba sí o sí por estropear el archivo. El desarrollo de las nuevas tecnologías ha originado un punto de inflexión al respecto, y ahora contamos con voces de razonable calidad obtenidas en soportes digitales (grabadoras DAT, ordenadores, minidiscos...), toda vez que una mayor familiaridad con el uso de los programas informáticos nos lleva a cometer menos errores.

No deja de ser curioso que si, habitualmente, a los experimentadores se nos reprochaba que estos sonidos fueran poco comprensibles, aduciendo que podían ser cualquier cosa, paradójicamente al presentar hoy en día voces más rotundas, directamente pasamos a no ser creídos. Es decir, a pesar de que se han minimizado los errores de apreciación, se continúa reduciendo el fenómeno a un juicio de valor sobre la credibilidad del protagonista.

¿QUIÉNES SE INTERESAN POR LAS PSICOFONÍAS?

Aunque la TCI esté formada por una legión de curiosos con limitados recursos instrumentales, también atrae a personas muy cualificadas en diferentes campos. Algunas de ellas cuentan con laboratorios de última generación y amplios conocimientos científicos y técnicos que emplean en sus pesquisas. Sopese el lector las razones por las que directores de importantes empresas de telecomunicaciones, catedráticos de todas las materias y un número significativo de doctores, empeñan desinteresadamente su prestigio al suscribir, sin fisuras, teorías tan exóticas como el contacto con personas fallecidas y otros seres de diferentes planos de existencia.

El que personas con una cierta proyección social y laboral empleen un lenguaje tan directo está indicando que no es un fenómeno menor e irrelevante. Es más, a veces es frecuente que, sin ningún pudor, inviten a personas a vencer su curiosidad asistiendo a demostraciones de cómo realizan sus grabaciones. Entre ellos se suelen encontrar representantes de los medios, particulares y personal técnico que asisten atónitos a cómo, en aparente ausencia de fraude, surgen voces de la nada en diferentes idiomas, incluso dirigiéndose a ellos.

Existen asimismo instituciones públicas y privadas que dedican parte de sus fondos a impulsar proyectos relacionados con la TCI. Personalmente, he tenido la oportunidad de participar activamente en alguno de ellos, desarrollados en importantes universidades y estudios de grabación, y se considera que es la única manera de llegar a desentrañar los misterios que esconden las voces.

No olvidemos que solo a través de protocolos y grabaciones controladas se puede acabar por discriminar los patrones.

No quiero extenderme en este punto, pero pongo como ejemplo el Instituto de Parapsicobiología de Bolonia, que emplea los últimos avances científico-técnicos en el estudio y observación de la fenomenología fronteriza. Los resultados de estas investigaciones son recogidos en boletines especializados, como, por ejemplo, los prestigiosos cuadernos *ITC journal*, dirigidos por la reconocida investigadora y ex diplomática Anabela Cardoso.

Considero que es a estas instituciones a donde tienen que dirigirse quienes quieran plantear sus dudas acerca del fenómeno, en vez de tomar como referencia la multitud de páginas que proliferan en Internet y que no dejan de ser reflexiones y opiniones de los aficionados.

¿QUÉ NOS CUENTAN LAS PSICOFONÍAS?

Cabe resaltar su semejanza con comportamientos humanos ordinarios. A veces, departimos distendidamente a micrófono abierto y surgen las voces participando como uno más de la conversación. Saludan, nos llaman por el nombre, e incluso hacen bromas sobre nosotros. Recuerdo una voz que al hacer yo referencia a que había olvidado traer más baterías, apuntó en tono fastidioso: «pues vaya». Esta particularidad es la que más suelo recoger en mis grabaciones, pequeñas e insignificantes constataciones que en absoluto ayudan a revelar nada extraordinario sobre ellas mismas o la constitución de su mundo.

Confieso que en un primer momento ese detalle me hizo pensar en una simple proyección de nuestros pensamientos durante la experimentación pero, a medida que vas profundizando en el fenómeno, vas advirtiendo que esas voces tienen su autonomía y te desvelan informaciones desconocidas por ti, e incluso hacen guiños sobre aspectos velados de tu propia intimidad. Recuerdo una experiencia en el monte de Ancos, en un alto desde donde se domina la ría de Ferrol. Era una mañana cualquiera en la que decidí improvisar una grabación, y me acompañaba mi hija, que por entonces contaba apenas tres años. Mientras ella permanecía jugando por los alrededores, una voz muy desagradable se grabó diciendo repetitivamente «no existen..., no existen». Por entonces mi hija estaba en la época de los terrores nocturnos, y esa frase era la que le repetíamos para darle tranquilidad, solo que en aquella ocasión la desconocida causa paranormal imprimía un tono entre irónico y malintencionado. Era una voz de hombre grave y transmitía no poca inquietud.

Otra vez me dirigí a Santa María de Melque, una antigua iglesia visigótica que más tarde fue templaria y que, por entonces, estaba en estado de semiabandono. Para situar al lector diré que el lugar estaba en medio de la nada. Después de intentar infructuosamente grabar durante un par de horas, en el último arrastre de la cinta superponiéndose al sonido de nuestros pasos sobre el piso empedrado, se advierte una voz que parece dirigirse a otro invisible interlocutor diciéndole: «pss, cuidado que vienen». Completamente estremecedor si pensamos en qué o quién podía ser consciente de nuestra presencia y nuestros movimientos, permaneciendo allí callado, limitándose a observarnos. Figuradamente es como si aparte de nosotros dos, de carne y hueso, allí hubiesen al menos otros dos seres invisibles tan ciertos como nosotros mismos.

Es curioso, cuando empiezas a familiarizarte con experiencias como aquella, conforme pasa el tiempo se establece una sutil relación entre los comunicantes y el experimentador. Una vez me hice acompañar por unas personas, a una de las cuales tuve que llamarle la atención porque tenía el teléfono encendido. Este me dijo que había sido un descuido. No obstante, más tarde, en mi casa al procesar la grabación, la sensibilidad del micrófono delató que había otro interlocutor al otro lado del aparato curioseando con la experiencia. Lo sé porque una voz paranormal, en el preciso instante en que aquel personaje se excusaba, apuntillaba: «cuidado... te está engañando». No solo es reseñable que el mensaje fuera tan claro, sino que emplease la segunda persona, ¿cómo sabía que entre los presentes su mensaje acabaría siendo oído solo por su destinatario, en este caso yo?

Relato estas pequeñas anécdotas porque en mi experiencia son las que representan más gráficamente el fenómeno. Que nadie imagine largas y fluidas conversaciones, generalmente hay un poco de trampa por parte de ciertos experimentadores al respecto. El hablar de comunicaciones en relación a las psicofonías, no es otra cosa que hacer referencia a mensajes telegráficos del tipo pregunta-respuesta que muy excepcionalmente pueden llegar a ser locuciones largas.

¿ENTRAÑA RIESGOS EXPERIMENTAR CON LAS PSICOFONÍAS?

Para determinadas personas, generalmente aprensivas o que están pasando un momento emocional delicado, como la pérdida de un ser querido, su práctica en mi opinión no es aconsejable. En esos trances uno pierde la objetividad al confundir la realidad con el deseo. No nos equivoquemos, a pesar de que el estudio más preciso relacionado con las psicofonías (del que hablo en el segundo capítulo, proyecto Sfinge) apunta a la hipótesis de la comunicación con los seres fallecidos, las psicofonías no son un hilo directo con el más allá. Ya adelanto que las psicofonías pudieran tener diversos orígenes, y que a veces podríamos estar resonando con capas no muy agradables del inconsciente, además de encontrarnos recurrentemente con el riesgo de convertir la experimentación en una obsesión.

Jürgenson, uno de los primeros investigadores y de los más celebres, llegó a sufrir una necesidad enfermiza por contactar con esas voces, aislándose del mundo exterior y recluyéndose en su laboratorio. Terminó por sufrir «alucinaciones auditivas», creyendo oír voces escondidas en los ruidos más inverosímiles, como en el simple chirrido de una puerta.

Si creemos oír voces sin ayudarnos de un aparato grabador, cuidado con rebuscar en el cajón de sastre de la fenomenología paranormal en busca de respuestas, sin acudir antes a un médico especialista. Existen patologías donde el individuo, al escuchar sonidos primitivos elementales (acúfenos), los trasforma delirantemente en voces plenas de contenido, sin embargo estaríamos hablando de sonidos que parecen provenir del ambiente, nunca de sonidos recogidos por soportes registrables.

Mucho cuidado con convertir este fenómeno de las voces en una segunda religión, y lleguemos a creer todo lo que nos dicen. Tampoco nos dejemos engañar por esa extraña complicidad que se genera entre el experimentador y la causa paranormal, y nos creamos elegidos o tocados de no se sabe bien qué gracia, no vaya a pasar, como dice el entrañable profesor Sinesio Darnell, que «de experimentadores pasemos a ser experimentados». O algo mucho más mundano, que pasemos a descuidar nuestra propia realidad y nuestros quehaceres cotidianos.

¿QUÉ SABEMOS A CIENCIA CIERTA
SOBRE LAS PSICOFONÍAS?

Hoy sabemos a ciencia cierta que no son ondas remanentes que impresionan las grabadoras, ni ondas hercianas, ni reverberaciones que se repiten según los movimientos periódicos de rotación sobre un punto fijo (que nunca es fijo, obviamente), ni resonancias de una conformación holográfica del espacio.

Los investigadores psíquicos han buscado con especial atención lo que denominan OPP (objetos paranormales permanentes), y han encontrado en las psicofonías un interesante fenómeno, ya que son, en definitiva, una interacción «psi» instrumental auditiva que deja huella física y, por tanto, es mensurable.

Con el transcurso del tiempo se ha evidenciado cierta evolución en las características de las psicofonías. En un principio, las voces registradas por los pioneros Jürgenson y Raudive poseían un ritmo especial y una cadencia leve. Pero en los últimos años se ha constatado un cambio en la velocidad de la locución de los fonemas que constituyen la palabra, lo que ha llevado a más de un investigador a teorizar sobre un fortalecimiento del «campo de contacto».

Este campo de contacto no es sino el punto de encuentro que posibilita el fenómeno, donde presumiblemente se están dando la mano dimensiones que racionalmente no deberían mezclarse.

¿Es quizás la emulsión de la cinta la que es directamente sobreimpresionada por la causa, o se produce conjuntamente con la manipulación de los flujos de la intensidad eléctrica? Solo con el empleo de una nueva

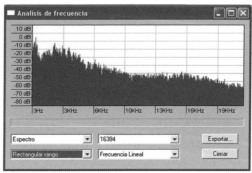

Análisis espectral de la voz psicofónica «detente» obtenida por
José Ignacio Carmona Sánchez, en Santa María de Melque
(Toledo). Software de sonido libre y multiplataforma Audacity.
Fotografía y análisis cedidos por César Pachón.

tecnología, aún en estado embrionario, llegaremos a responder este tipo de cuestiones.

El ingeniero Carlos Trajna, que ha dedicado mucho de su tiempo al fenómeno, alude a un modelo «psicotemporal», donde asume la diferencia entre los flujos de «tiempo psíquico» y de «tiempo físico».

En consecuencia, cada vez son más los experimentadores, entre los que me encuentro, que defienden que hay que situar el fenómeno en la estela de una nueva física que crece paralela al desarrollo de la nanotecnología (un campo de las ciencias aplicadas dedicado al control y manipulación de la materia menor que un átomo o molécula).

Solo a través de soportes físicos capaces de interaccionar con esa desconocida realidad microscópica, podremos comprobar si una suerte de «física del espíritu» se codifica en los procesos subatómicos indiferentes al espacio-tiempo.

El futuro de las psicofonías está ligado por tanto al desarrollo de las nuevas tecnologías, concretamente al nacimiento de una nueva electrónica: «la electrónica de los petahercios»,[3] según descripción del catedrático de física de la materia condensada Pedro Echenique: una electrónica en la que los apagados y encendidos pueden sucederse a una frecuencia cien mil veces superior a la electrónica actual. Esto plantea la posibilidad de capturar la carga electrónica trasportada en estructuras atómicas en la escala temporal del attosegundo (unidad de tiempo equivalente a la trillonésima parte de un segundo). Es lógico pensar que, en un futuro próximo, se ingeniarán aparatos que ofrecerán la misma respuesta técnicamente extraordinaria que exigen los extraordinarios procesos que se adivinan.

Sin embargo, que nadie se lleve a engaño, necesitamos máquinas más precisas capaces de dar respuesta al fenómeno, pero este se ha revelado indiferente al soporte. Un aparato de buenas prestaciones solo optimiza los resultados, pero no los asegura. Sujeto y máquina se retroalimentan, independientemente de que esta última sea rudimentaria o sofisticada. Incluso a veces, las voces aparecen en condiciones absurdas, como cuando el investigador Marcello Bacci[4] quitó las cinco válvulas de su vieja radio Normende Fidelio y, contra toda lógica, las voces siguieron apareciendo. Qué mayor prueba de la aleatoriedad y de la crucial importancia del factor humano que comprobar cómo un adolescente curioseando con una simple grabadora de periodista

[3] Basco, S. «Medir el salto de un electrón». Diario *ABC*, 25/10/2007.
[4] Bacci, Marcelo. Anabela Cardoso, «Informe Especial», http://www.itc-journal.org/informe.htm. Cuadernos ITC Journal.

pueda lograr mejores voces que una eminencia en su equipado laboratorio.

Tampoco nos engañemos y convirtamos a la psicofonía únicamente en una simple «caza». El fenómeno requiere estudio, protocolo y grabaciones programadas. El trabajo de laboratorio por tanto es crucial.

Y como ejemplo tenemos el trabajo del profesor Sinesio Darnell, que nos reporta las siguientes conclusiones a través de sus muchas conferencias y apariciones en distintos medios:

> Partiendo de la correlación entre las distintas frecuencias que van desde los 1.400 Hz a los 16.000 kHz, con el espectro de luz que va desde el infrarrojo al ultravioleta, existe de manera análoga una correspondencia con la constitución de ese hipotético 'otro mundo' del que provienen las comunicaciones.

Según esta teoría los valores más bajos corresponderían a contactos con seres etéreos poco evolucionados, así hasta alcanzar vibraciones más altas donde el contacto sería con seres más «elevados».

Esta teoría que echa mano de los conceptos físicos del súperlumínico, lumínico y sublumínico defiende que, partiendo de un recorrido que abarca desde donde la velocidad de la luz es cero y la masa infinita hasta donde sus valores adquieren inversa proporcionalidad (la velocidad de la luz es infinita y la masa es cero), sería aquí donde morarían estos entes no dilucidados. Lógicamente, el concepto del tiempo tal y como nosotros lo conocemos perdería su razón de ser.

El único problema con el que nos encontramos ante este y otros ejemplos de trabajos efectuados en laboratorios particulares, es que se fundamentan en una casuística personal no testada por terceros. Un mal recurrente que ha caracterizado la investigación hasta nuestros días.

2

EL VIEJO FENÓMENO
DE LAS VOCES

Muy honorables miembros del Senado y de la Cámara. Los exponentes, ciudadanos de la República de los Estados Unidos, piden exponer a esta honorable Asamblea la existencia de un fenómeno físico e intelectual de una dudosa y misteriosa procedencia. Consiste en una diversidad de sonidos, muy variados en sus caracteres y más o menos significativos por su expresión, que ordinariamente se reducen a golpes misteriosos, que parece indicar la presencia de una inteligencia invisible[…] otros sonidos hay que semejan bramidos al viento […] en otros casos llegan al oído consonancias armoniosas, cual si fueran voces humanas […] lo más común es parecerse a instrumentos diversos […] este fenómeno, en cuanto puede ser estudiado su modo de acción, parece depender de principios de la acústica hasta hoy desconocidos…

(Exposición reafirmando la existencia de una fenomenología paranormal, presentada al Congreso de Washington en 1854 apoyada por quince mil firmas y que se conserva en los archivos parlamentarios de los Estados Unidos).

¿Dónde podemos fijar los inicios del fenómeno de las psicofonías? ¿Existieron previamente otras formas de «contactismo» mediante artilugios o máquinas?

Quedan muy lejos aquellos espectáculos protagonizados por médiums y personalidades histriónicas que se arrogaban la facultad de ser interlocutores con seres desencarnados y eran capaces de provocar fenómenos extravagantes. Era muy común durante sus trances escuchar extrañas melodías procedentes de instrumentos de cuerda, metal o madera y, cuando no, surgían del ambiente voces que por el timbre recordaban al difunto invocado.

Tradicionalmente se ha unido el devenir del fenómeno al nacimiento del espiritismo moderno, aduciendo que hoy en día solo han cambiado los soportes para que la causa paranormal se manifieste.

De aquellas «mesas parlantes» hemos pasado a ordenadores de última generación, pero mucho antes, en la más remota antigüedad, vemos reflejados casos que nos hablan de «métodos de comunicación inductiva».

En la época romana se decía que el dios penetraba en el cuerpo del médium, no espontáneamente como en los oráculos oficiales, sino obligado por la llamada del «invocador» (Proclo, *In Rempublicam*, 1, 111, 28). A veces los espíritus manifestaban su presencia mediante señales visibles, luminosas, «un fuego sin forma del que sale una voz» según relata Jámblico (*Vida Pitagórica XV. 65*, pp. 52-53).

Según el jesuita Eustaquio Ugarte de Ercilla (*El espiritismo moderno,* 12), el pueblo hebreo era muy dado a estas prácticas, como viene reflejado en el Deuteronomio y en el Levítico. En el Antiguo Testamento vemos cómo el contacto con esa otra realidad intangible se lleva a cabo mediante objetos inanimados: el profeta Oseas denuncia ciertas prácticas de idolatría por parte del pueblo, como preguntar a un madero y «el madero se las dio».

Los romanos usaban mesas giratorias y ya en el siglo IV se interrogaba a las tablas mágicas, como Patricio e Hilario que preguntaron a una de estas mesas por el nombre del sucesor del emperador Valente. La escuela alejandrina admitía como dogma fundamental la evocación de espíritus; Plotino, Jámblico, Procio y Porfirio dan cumplida cuenta de comunicaciones con difuntos.

Saltando en el tiempo, en 1647 encontramos en el libro *Viaje de Roulox Baro al país de los Tapayos* cómo los jefes de una tribu brasileña se acercaban a una cueva de donde surgían voces que les vaticinaban el resultado de las contiendas. El autor, testigo de estos sucesos, nunca encontró explicación aun habiendo visitado el interior de la cueva.

Si viajamos a la antigüedad, Andrew Tomas en su libro *We are not the first* habla de «piedras que hablaban», como las que obraban en poder del fenicio Sanchuniathon. Y en el *Libro de Enoch* nos encontramos con espejos mágicos que a modo de televisiones reflejaban lo que estaba sucediendo en otros lugares.

Otras veces son extrañas voces las que guían, en sus empresas, a personajes históricos, como el caso de Juana de Arco, o que les acompañan y atormentan como a San Clemente de Hofbauer.

Continuando con este singular periplo nos encontramos con el insólito caso de las cabezas parlantes, como aquella que a finales del siglo IX el papa Silvestre II había ordenado fabricar en bronce y respondía a quien le preguntaba. Alberto el Grande construyó otra en barro y en Lesbos existía una que predijo la muerte de Ciro por los escitas.

Obviamente estaríamos hablando de artilugios basados en una rudimentaria mecánica de fuelles o similar, pero cabe pensar en que, por qué no, tal como nuestros modernos soportes, fueran capaces de convertirse en transductores de lo intangible.

Se han recogido casos de «tumbas parlantes», como el famoso caso del cementerio de Butler en New Jersey, donde los visitantes escucharon atónitos cómo durante diez días seguidos se oía la voz de un recién enterrado, en los aledaños de su tumba, y cómo incluso este podía llegar a contestar a quienes le interpelaban. Existen infinidad de casos más recogidos por el investigador Richard Lazarus, en su libro *Proceso a la muerte*, como el de las rocas sepulcrales de la provincia china de Hunan, que son interpeladas regularmente por los visitantes, o la voz cantarina de la beata Clelia Barbieri, que continúa siendo oída en todas las capillas utilizadas por la orden de la que fue fundadora, llegando al extremo de que esta voz, incluso, se adapta a las lenguas nativas del lugar.

En 1715 nos encontramos con que los fenómenos acústicos empiezan a ser relacionados y a formar parte característica de una fenomenología fronteriza que puede ser objeto de estudio, como los sucesos de la rectoría de Epworth, estudiados por el científico Joseph Priestley. Por aquel entonces venían acaeciendo extraños acontecimientos como quejidos que parecían provenir de una invisible garganta humana y multitud de mimofonías que imitaban ruidos de sierras y caídas de objetos. Fueron multitud de testigos directos quienes declararon ante una comisión cómo habían escuchado esas voces de origen incierto (parafonolalía).

Pero es con el nacimiento del espiritismo moderno cuando estos fenómenos se multiplican. En 1846, a partir de las experiencias de las hermanas Fox, el fenómeno se extendió por todos los confines. Su llegada a España data de 1862, y en Madrid encontramos un círculo espiritista en la Puerta de Sol frecuentado por artistas y estudiantes, y otro más aristocrático que se fija en Preciados. Por ejemplo, fueron muy celebradas las evocaciones a la ajusticiada Vicenta Sobrino.

Pero las referencias documentales más prolijas que tienen que ver con las voces independientes pueden tener su origen en las experiencias de Lord Adare con el médium Daniel D. Home en julio de 1868 o en el libro *The Facts of Psychic Science*, donde se nos narra las sesiones con la señora Wriedt, quien provocaba sonidos paranormales en forma de voces.

Respecto de la invención o recreación de artilugios para facilitar el contacto, tenemos el caso del científico Charles Steinmetz, quien quiso desarrollar una máquina capaz de fotografiar el pasado, pues según él: «Todo lo que se dice, la voz, las palabras, queda atrapado para siempre en una banda de frecuencias vibratorias muy concretas…».

En la misma línea, en 1853 Robert Hare, de la Universidad de Pensylvania, inventó el Espiritiscopio, fue un primer intento de comunicar mediante una máquina con ese hipotético mundo de los espíritus.

En 1869 William Croques, una eminencia científica de su época (descubridor del talio y del radiómetro, entre otros artefactos), comenzó una serie de cincuenta sesiones ante la sociedad dialéctica de Londres que le llevaron a estas conclusiones:

> Sin que podamos atribuirlos a cualquier acción mecánica o muscular, se oyen sonidos [...] contestan a las preguntas formuladas y dictan alfabéticamente mensajes inteligibles [...] tanto las preguntas como las respuestas suelen ser banales, en ocasiones descubren cosas que únicamente son sabidas por los presentes [...] es necesaria la presencia de determinadas personas para que se produzcan...

En el año 1885 el libro *Nacimiento y muerte como cambio perceptivo o la naturaleza dual del hombre* (Hellenbach von Paczolay) exponía la posibilidad de comunicación con el más allá mediante procesos electromagnéticos, cuando ¡ni siquiera se había inventado el magnetófono!

Ya en el año 1889 el ingeniero danés Vladimir Poulsen creó la primera grabadora magnética, de inferior calidad, sin embargo, que el fonógrafo. Consiguió desarrollar la cabeza grabadora electromagnética, recibiendo los impulsos a través de cables conectados a un teléfono transmisor. Un alambre de acero, al pasar por debajo de la cabeza grabadora, quedaba magnetizado, dependiendo del nivel de magnetización de la intensidad de los impulsos.

En 1899 Nicolás Tesla —inventor del motor eléctrico— recibió en su primigenio receptor de radio unas misteriosas señales de origen desconocido, lo insólito del hecho es que por entonces no existían radioemisiones comerciales.

Guglielmo Marconi, premio Nobel de Física, y precursor de la radio y las telecomunicaciones inalámbricas, repitió el mismo tipo de experiencia en 1920, lo que le llevó a plantearse la posibilidad de ponerse en contacto con el mundo de los espíritus a través de ondas hercianas, tal como afirma el testimonio autorizado de su esposa tras la muerte de este.

El mismo Thomas Edison se interesó desde sus inicios por el espiritismo:

> Si nuestra personalidad sobrevive es estrictamente lógico y científico suponer que retiene la memoria, el intelecto y otras facultades y conocimientos que adquirimos en este mundo. Por lo tanto, si la personalidad sigue existiendo después de lo que llamamos muerte, resulta razonable deducir que quienes abandonan la Tierra desearían comunicarse con las personas que han dejado aquí... Me inclino a creer que nuestra personalidad podrá afectar a la materia en el futuro. Entonces, si este razonamiento fuera correcto, y si pudiéramos crear un instrumento tan sensible como para ser afectado, o movido, o manipulado por nuestra personalidad —tal como esta sobrevive en la otra vida—, semejante instrumento, cuando dispongamos de él, tendría que registrar algo (Entrevista aparecida en octubre de 1920 en la revista *Scientific American*).

En 1877 ideó un dispositivo capaz de registrar vibraciones sonoras sobre una superficie cilíndrica accionada por un mecanismo de relojería. La superficie cubierta de parafina era perforada por un estilete conectado a un micrófono cónico. Estaba convencido de la supervivencia del espíritu y consecuentemente pensó en una suerte de médium mecánico sin poder llevarlo a cabo. Dejó un dibujo de dicho artilugio que no pudo ser encontrado hasta 1941, diez años después de su muerte… a través de una sesión de espiritismo.

Thomas Alva Edison (1847-1931), el gran y prolífico inventor,
se interesó desde sus inicios por el espiritismo.

En 1901 un antropólogo americano, Waldemar Borogras, localizó en su rudimentario aparato de trompeta voces inexplicables entre sus archivos de grabaciones de cantos rituales chamánicos.

En 1912 el barón Ernest von Lubek dijo haber conseguido desarrollar una máquina capaz de traspasar las barreras del tiempo recuperando imágenes. Estaba basada en un tubo de rayos catódicos embutido en plomo y un circuito con electrodos de disprosio, y la energía emanaba de una bobina de Tesla modificada.

La «psicofonía» como vocablo se usó por primera vez en 1921, cuando el médium estadounidense Francis Grierson inventó un teléfono para contactar con los muertos. Las comunicaciones se recopilaron en el libro *Psycho-Phone Messages*.

Entre 1923 y 1925 el médico italiano Ferdinando Cazazmalli, mientras realizaba experimentos telepáticos con enfermos mentales, grabó voces inexplicables en un receptor de radio protegido en una jaula de Faraday.

En 1933, en la *Revista Internacional de Espiritismo* el psíquico Próspero Lapagese publicó los planos de un aparato basado en la técnica de los rayos X para escuchar y fotografiar a los difuntos.

En 1936 nos queda constancia de un disco grabado con las comunicaciones de una supuesta princesa egipcia a través de la médium Rosemary que se conserva en el Institut for Physical Research de Gran Bretaña.

Asimismo, en 1936, se produce un acontecimiento singular, se recogen señales morse por equipos de radioaficionados de los mensajes cruzados entre el *Titanic* y el *Carpathia* con motivo de su colisión. Lo inexplicable es que estos mensajes se habían producido veinticuatro años antes, en 1912.

El día 10 de septiembre de 1949 se funda la Spirit Electronic Communication Society en Manchester, cuyo objetivo era la comunicación electromecánica con el más allá.

En 1950 el ingeniero John Otto registró señales con un grupo de estaciones de radioaficionados de Chicago de origen desconocido, se trataba de voces líricas y polí-glotas de una tonalidad y un ritmo similar a las primeras psicofonías.

En 1955, en Estados Unidos, el ufólogo norteame-ricano John Keel hablaba de la aparición de palabras y frases en sus cintas magnetofónicas de naturaleza desco-nocida.

Y en 1957 Philips Rodgers, de Inglaterra, realizó experimentos poniendo sus micrófonos en una ventana y captando voces que decían venir de otro planeta.

La curiosa historia del Cronovisor

Las primeras grabaciones en cinta magnética las hallamos de la mano de los padres Agostino Gemelli y Pellegrino Ernetti.[5] El padre Ernetti era investigador de un campo poco analizado de la música: la prepolifonía, sus conocimientos le sirvieron para aplicar, al estudio de las psicofonías, los conceptos aristotélicos de la desinte-gración del sonido, llegando a revelar en alguna apari-

---

[5] Polanco Masa, Alejandro. «Cronovisores. Fotografiando el pasado», *Revista Enigmas,* Año XI, nº 114, p. 16.

ción publica: «Las ondas sonoras se subdividen en armónicos que se graban en los materiales inertes o en el éter, pudiendo ser recuperadas si se dispone de los mecanismos adecuados».

El 15 de septiembre de 1952 en el laboratorio de física de la Universidad del Sagrado Corazón de Milán tuvo su primer encuentro con las voces. Su pretensión era grabar cantos gregorianos pero un alambre de su magnetófono se desconectaba continuamente. Desesperado, el padre Gemelli pidió a su padre fallecido que le ayudase. Para el asombro de los dos sacerdotes, la voz de su padre se registró en el magnetófono: «Por supuesto que te ayudo calabaza (*zuccone* en italiano), estoy siempre contigo». Repitieron el experimento y esta vez una voz cantarina dijo: «Pero *zucchini*, está muy claro, ¿no sabes que soy yo?», y no dudó el religioso en reconocer a su difunto padre.

El profesor Senkowski se incorporó a las investigaciones y llegaron a la conclusión de que las ondas, del tipo que sean, se pueden descomponer en armónicos cada vez más pequeños hasta llegar al nivel atómico e incluso al subatómico. Sobre esta teoría desarrolló, supuestamente, el Cronovisor, que habría consistido en un oscilógrafo catódico y un circuito para re-encauzar los electrones atendiendo a frecuencias concretas. De este modo se habría invertido el proceso de desintegración de las ondas y se podrían recomponer sonidos e imágenes. Llamó al fenómeno «pneumafonía».

Básicamente la máquina resonaba a partir de una multitud de antenas que captaban todas las longitudes de onda imaginables. Contaba con un selector-regulador que operaba a la velocidad de la luz, y un equipo para visionar y registrar las imágenes y los sonidos.

A través de este extraño artilugio, afirmaron haber recogido escenas del pasado, una supuesta tragedia antigua representada en Roma en el año 169 a. C., *Tiestes* de Quintus Ennius.

En 1972 en la revista italiana *La Domenica del Corriere* el padre Ernetti reconoció haber participado en la gestación de una máquina capaz de recoger imágenes y sonidos del pasado, ya lo había hecho anteriormente de manera más velada en la revista religiosa *L'Heure d'Être* (1965) y en la revista *Civiltà delle Macchine* en 1966 (artículo «L'oscillografo elettronico»).

Habida cuenta de sus peligrosas aplicaciones, se prefirió no volver a hablar más del mismo, aunque hay voces que lo sitúan en las dependencias benedictinas de la isla de San Giorgio y siguen defendiendo que se trata de una máquina real. De todo ello tenemos constancia en la revista italiana *Oggi* en 1986.

Esta historia, que no termina de parecer nada más que una burda leyenda, nunca fue totalmente desmentida por el propio sacerdote, hoy en día exorcista benedictino.

Los trabajos de Raymond Bayless

Con todos estos antecedentes, decir que Raudive y Jürgenson fueron los padres del fenómeno y que este sobrevino de manera accidental queda en entredicho. Su principal mérito fue popularizar el fenómeno.

Raymond Bayless, investigador norteamericano, realizó diversos estudios con Attila von Szalay.

Recordemos los trabajos que llevó a cabo el investigador Raymond Bayless con el portentoso Attila von Szalay y que nos ha narrado el doctor Scott Rogo (*En busca de lo desconocido,* 139-168).

Attila comenzó a oír voces independientes en 1938, entre ellas creyó reconocer la de su hijo fallecido. En 1941 mediante un disco a setenta y nueve revoluciones intentó sin éxito registrar esas voces. Solo con la ayuda de Bayless lo logró.

Attila era capaz de provocar una serie de fenómenos extraordinarios, como generar olores espontáneos, golpes, PES (Percepción extrasensorial), y telequinesia. En lo que nos ocupa, era muy común atribuir voces a los sensitivos, pero en algunos casos se hablaba de que estas voces guardaban independencia objetiva para con aquellos, es decir, «tenían entidad por sí mismas». Szalay tenía esa cualidad, y en 1956 Bayless quiso investigar dónde se hallaban los límites de esa independencia. Recluyó al dotado en una cabina aislada junto a un micrófono y procedió a registrar con el magnetófono esos efectos que parecían rodear a Szalay más que provenir de él.

La primera voz registrada fue: «este es G». Fueron centenares las voces grabadas a lo largo de los experimentos, voces que se fueron haciendo gradualmente más comprensibles e incluso se llegaron a oír en el ambiente, aunque lo habitual era que se registrasen en el magnetófono sin que fueran escuchadas por los presentes.

Respecto a cómo eran esas voces, decir que guardaban la cadencia y tono características de las psicofonías de hoy en día. Y siguiendo sus mismas pautas, pronto comenzaron a contestar a las preguntas, a llamar a los presentes por su nombre, a manifestar alardes paranormales como el hecho de adivinar el lugar en donde se hallaba alguno de los experimentadores cuando se encontraba de viaje.

El objetivo principal que se plantearon los experimentadores era separar al sujeto de la voz, improvisándose métodos de control, tales como colocar un micrófono dentro de una trompeta situada en el interior de una caja sorda. El resultado fue que las voces seguían apareciendo. Ante el hecho de que al principio todas las voces eran masculinas y con el fin de desestimar una acción telequinésica, indujeron a la causa paranormal a sobreimpresionar una voz femenina, esta no tardó en aparecer: «perro caliente Attila».

Al inutilizar el micrófono con una masilla las voces desaparecían, por lo que los experimentadores dedujeron que las voces eran físicas.

El doctor Scott Rogo, que asistió en directo a las experimentaciones y las explicó detalladamente en su libro, *En busca de lo desconocido*, improvisó una solución muy personal sobre el origen de las voces: «dichas voces obedecen a comportamientos de personalidades latentes secundarias». Básicamente reducía el fenómeno a una proyección mental de manifestaciones de nuestra compleja personalidad.

Un detalle, a mi juicio, que muchos investigadores han pasado por alto es que en un momento puntual de la investigación, en 1958, antes de que Raudive publicara su libro, se incorporó a la misma un investigador de la misma nacionalidad que este (letón), el doctor Karlis Osis, ¿pudo este compartir información con Konstantine?

No es hasta 1959 cuando Bayless publica todos sus experimentos en el número de enero de la revista *Journal* de la American Society for Psychical Research; sin embargo, su trabajo no es tenido en cuenta por parte de una comunidad parapsicológica influenciada por los métodos de Rhine. Tenemos más detalles de su trabajo en su artículo «Experiments with Paranormal Sounds and Voices» (*The Psychic Observer,* noviembre de 1962).

LA HISTORIA OFICIAL: JÜRGENSON Y RAUDIVE

En su primer libro, *Voces del Universo* (1964), Jürgenson cuenta cómo, con la intención de grabar cantos de pinzones para la banda sonora de uno de sus documentales, llevó su magnetófono a los frondosos bosques de Suecia. Cuando escuchó lo registrado, a los seis segundos, oyó una voz masculina que hablaba precisamente sobre cantos de pájaros. Al no poder encontrar una explicación para aquella voz extraña, siguió intentando nuevas grabaciones en las que dijo volver a registrar sonidos inexplicables y voces que le llamaban por su nombre. Muy pronto, entre las voces, reconoció la de su propia madre fallecida cuatro años antes.

El propio Jürgenson alteró esta narración en 1973, en la revista *Psychic News*, donde dijo responder a una necesidad: textualmente dice que fue impelido a realizar esas grabaciones llevado por un «deseo abrumador» de contactar con alguien desconocido.

El hecho de que iniciase sus pesquisas de manera premeditada en el otoño de 1958 y que no fuera hasta julio de 1959 cuando estableció el primer contacto, deja claro que en modo alguno fue fortuito. El primer parapsicólogo en interesarse por ello fue W. G. Roll, director de proyectos de la Fundación para la Investigación Psíquica de Dirham, quien solo aludió a voces de carácter tenue.

Más tarde se puso en contacto con el parapsicólogo sueco, el doctor. J. Björkhem, con el técnico de sonido Arnie Weisse y con otros cinco colaboradores, quienes no demostraron un excesivo interés hacia su «descubrimiento».

En el verano de 1964, el Instituto de Zonas Limítrofes de la Psicología y de la Psicohigiene, perteneciente a la Universidad de Friburgo de Brisgovia (Alemania) se interesó por el fenómeno y emprendió una serie de investigaciones encabezadas por su director, Hans Bender, a las que se unieron ingenieros de telecomunicaciones del Groupe de Recherche Acoustique. Los resultados a los que llegaron fueron estos:

Friederich Jürgenson, con la intención de grabar cantos
de pinzones para la banda sonora de uno de sus documentales,
llevó su magnetófono a los frondosos bosques de Suecia y grabó
voces misteriosas. Entre ellas, la de su propia madre fallecida
cuatro años antes.

En diferentes condiciones y circunstancias, una cinta virgen, colocada en un grabador corriente y en un ambiente silencioso, registrará voces humanas que pronuncian palabras inteligibles; que el origen de esas voces es aparentemente inexplicable a la luz de la ciencia actual, y que las voces son objetivas, en la medida en que dejan en la cinta huellas iguales a las de las voces normales y quedan registradas como impulsos oscilográficos visibles en grabaciones de *video tape*.

Punto y aparte merecen otros informes sobre especialistas que experimentaron junto a Jürgenson en Nysund (Suecia) en octubre de 1965, como el físico B. Heim y el ingeniero de sonido W. Schot:

Aún con la más radical aplicación de todas las críticas, queda siempre un resto inexplicable que, según nuestras observaciones, parece ligado a la persona del señor Jürgenson.

Sobre el hecho de que Jürgenson conociera o no previamente el fenómeno, se ha especulado con la posibilidad de que a través de su amistad con el papa Pablo VI hubiera conocido los avances realizados por los padres Gemelli y Ernetti. Por otra parte, es probable que el Vaticano tuviera ciertos reparos a la hora de dar a conocer tan singular fenómeno y se valiera para ello de la figura de Jürgenson. En cierto modo, las psicofonías podían ser tomadas como una prueba de la supervivencia del alma.

Aunque desconocemos los pormenores de los estudios realizados en el Vaticano sobre las voces, estos señalaron el camino para generar interés por otros fenómenos parapsicológicos. Así nació la agrupación internacional Imago Mundi, coordinada por el jesuita

Andrea Resch, quien en 1970 creó la cátedra de parapsicología.

Jürgenson fue condecorado en 1969 por el Vaticano con la Cruz de Comandante de la Orden de San Gregorio el Grande. El motivo que se alegó fue premiar su buen hacer por el rodaje de algunas películas documentales sobre la Curia.

A Jürgenson le sucedió Konstantine Raudive, a quien le llevó más de tres meses de intensa experimentación lograr su primera grabación. Este era un singular personaje, polifacético, políglota, discípulo de Jung. Llegó a registrar infinidad de voces, hasta tal punto, que a las psicofonías se las llegó a conocer como «las voces de Raudive». En 1968 publicó *Lo inaudible convertido en audible: siguiendo las huellas de los espíritus*, acompañado de un disco con ejemplos de voces paranormales.

De un carácter más visionario que Jürgenson, no tardó en ponerse en contacto con el físico suizo Alex Schmeider, con el teólogo Gebhard Frei, con el prelado Pfleger y con los técnicos de radio y televisión Theodor Rudolph y Norbert Unger para dotar a las investigaciones de una praxis experimental.

En 1971, el jefe de ingenieros de Pye Records Ltd. llevó a cabo un experimento controlado con Konstantine Raudive en su laboratorio de sonido. El primer objetivo era desestimar cualquier tipo de fraude encubierto. Para ello instalaron un equipo especial que bloqueaba cualquier onda de radio o de televisión y no dejaron que Raudive tocara ningún aparato.

La grabadora de audio-casete de Raudive era monitorizada constantemente. Solo estaba autorizado a hablar a través de un micrófono. Grabaron la voz de

Raudive durante dieciocho minutos y ninguno de los experimentadores percibió sonido alguno en el ambiente. No obstante, cuando escucharon la cinta, inexplicablemente pudieron oír más de doscientas voces.

Roy Prichet, el ingeniero jefe que supervisó las pruebas, declaró que era imposible que un banco de cuatro grabadoras protegidas por instrumentos sofisticados, que bloqueaban las hipotéticas transmisiones de alta o baja frecuencia, pudiera dar paso a la intromisión de voces de origen desconocido. Literalmente definió a esas grabaciones como «voces de ninguna parte».

En un segundo experimento llevado a cabo tres días más tarde en los laboratorios Einfield de Belling, se contó con la participación de Peter Hale, un experto en pantallas de supresión electrónica, y la presencia de un afamado físico, Ralph Lovelock. Concluida esta nueva prueba con otra insólita grabación de voces de origen desconocido, los técnicos sentenciaron: «este hecho no puede ser explicado en términos físicos normales».

Como dato interesante derivado de las confidencias de Raudive, tenemos su relato sobre la visita que le hicieron dos ingenieros de la NASA en su residencia de Bad Krozinger, a finales de los años sesenta del siglo pasado. Estos personajes se mostraron muy interesados por sus logros en el estudio de las psicofonías, y pese a ser un fenómeno aún poco divulgado, demostraron no ser ajenos a este campo. A buen seguro estaban bien al tanto, a través de los programas secretos que se llevaron a cabo durante la guerra fría por ambos bandos, interesados en las posibles aplicaciones militares de las potencialidades ignotas de la mente.

Konstantine Raudive, «padre» de las psicofonías.

Entre las muchas demostraciones de Raudive, tenemos una fechada el 12 de diciembre de 1969 de gran interés. En ella, un obispo católico invocó a un amigo suyo fallecido, Stefan. La contestación llego en alemán y ruso, «Aquí Stefan. Koste no nos cree... se lo diremos a Meter».

Como podemos ver, hasta ese momento nadie dudaba de que dichas comunicaciones procedieran de los difuntos, ya que constantemente, en las pruebas que se realizaban en los laboratorios, se interrogaba a personajes fallecidos del entorno de los investigadores. A mi juicio, esto ha condicionado negativamente la consideración del fenómeno hasta nuestros días.

Otro punto de inflexión en el estudio de estas voces fue el introducir aparatos de radio para el contacto. La mecánica era tan simple como buscar un punto del dial que no fuera utilizado por ninguna emisora. A través de él, los comunicantes se hacían oír a través del altavoz. Jürgenson y Raudive hablaban de una voz intermedia que les indicaba la hora y la onda más propicia para la transmisión, para Jürgenson esta voz decía llamarse Lena, para Raudive, Spidola. Mientras movían lentamente el dial de su aparato de radio llegaba un momento en que la voz les indicaba: «ahora... registre».

De nuevo, en el informe de un especialista, el doctor Heinz C. Berendt, encontramos que, aparte de refrendar la autenticidad del fenómeno, su autor llega a la conclusión de que las voces están íntimamente ligadas al experimentador, en este caso a Raudive:

> Da la impresión de ser un investigador seriamente entregado a su trabajo. No obstante, hay en él una especie de fanatismo demoniaco, un ansia exagerada de

convencer [...] muchas cosas indican desde el punto de vista científico que las voces pueden proceder del mismo Raudive [...] solo tratamos de investigar la parte psicofísica [...] del mismo modo que con la fotografía psíquica [...] Raudive [...] logra también proyectar sonidos —para lo cual no es necesario un micrófono— y provoca en la cinta magnetofónica cambios microfísicos análogos que, en su caso, producen fenómenos acústicamente perceptibles.

EL MATRIMONIO DAMAROS

Punto y aparte merece la estrambótica historia del periquito de Hamburgo[6]. Un pájaro propiedad del matrimonio von Damaros, quienes habían perdido a su hija Bárbara el 17 de junio de 1971.

Algunos meses después, el periquito Butchi comenzó a hablar con voz de hombre para dar noticias de la hija, y llegó incluso a identificarse con ella: «estoy bien..., soy feliz..., he visto a Goethe aquí...». Los mensajes tenían la misma mecánica que las psicofonías, eran mensajes telegráficos y guardaban esa peculiar cadencia y tono característico. Aportaban informaciones contradictorias pero a veces vaticinaban sucesos que no tardaban en suceder: «la abuela se va a caer...».

Más allá de pequeños vaticinios, los mensajes fueron anunciando, con matemática precisión, la fecha de la muerte de personas del entorno del matrimonio. Eran voces masculinas, femeninas, en diferentes idiomas, hasta tal punto que fue investigado, entre otros,

---

[6] Horia, Vintila. *Encuesta detrás de lo invisible.* Primera edición. Colección Otros Mundos. Editorial Plaza & Janés, 1975.

por el mismo Raudive. Cuando el pájaro entraba en trance se le acercaba la llama de un encendedor a los ojos sin que mostrara reacción alguna. Llego a anunciar incluso su propia muerte, el 7 de agosto de 1974, y lo que es más sorprendente, la de Konstantine Raudive, el 2 de septiembre de 1974.

La investigación después de Jürgenson y Raudive

A partir de las cada vez más numerosas demostraciones, el fenómeno de las voces pasó a ser tomado en cuenta por cada vez más científicos interesados en la fenomenología fronteriza: el físico Giuseppe Grazzini de la Asociación de parapsicología de Biel (Suiza), Franz Seidl, ingeniero electrónico austriaco e inventor del *Psychofon*, Alex Schneider, y un largo etcétera.

Entre ellos, cabe destacar al italiano Marcello Bacci de Grosseto, que en 1964 se empezó a interesar por experimentar con las voces paranormales. Pronto obtuvo resultados utilizando una vieja radio de válvulas. Un grupo de supuestos espíritus se convirtieron en interlocutores suyos hablándole a través del dial. De aquellos primeros mensajes, el 25% podían definirse como «altos y claros».

Hacia 1971, por indicación de esos mismos comunicantes, añadió una radio como ruido de fondo, más un oscilador de frecuencias. Más tarde dotó a su laboratorio del famoso Psicofón, utilizado por otros muchos investigadores (y rápidamente «comercializado», bajo encargo, por una marca alemana).

Con la mejora de su equipamiento se facilitó el contacto, hasta tal punto que quienes visitaban el laboratorio podían escuchar de manera clara a sus allegados fallecidos, incluso cómo estos, al dar por finalizada la sesión, cantaban a coro.

Con el paso del tiempo empezaron a reinventarse aparatos e improvisarse nuevas técnicas en busca de una mejora de las comunicaciones. Así nació el ya mencionado Psicofón, un peculiar artilugio construido por el ingeniero austriaco Frank Seidl entre 1972 y 1974, basándose en los principios de lo que quería ser una física alternativa, la «psicotrónica». Básicamente era un sistema de onda larga para frecuencias específicas que empleaba una antena en forma de martillo (tipo gonio), muy empleada en señales marítimas. Posteriormente fue modernizado por el investigador francés Gruy Gruais, llamándose entonces Psyvox2, y pudiendo alternar su uso para psicofonía convencional y VDR (voces directas de radio) accionando diferentes interruptores y potenciómetros. Además su uso podía ser en ondas medias, lo que lo hacía más versátil que el antiguo.

En 1973 los investigadores espirituales George y Jeannette Meek conocieron a un hombre llamado William O'Neill, un extraordinario hombre que afirmaba ser capaz de ver y escuchar a los espíritus. Los Meek proporcionaron el dinero y el asesoramiento necesarios para un proyecto de comunicación con los espíritus, y O'Neill, las habilidades psíquicas y el conocimiento electrónico.

A través de los mensajes del supuesto espíritu del doctor George Jeffries Mueller, un profesor universitario y científico de la NASA, diseñaron un nuevo equipo electromagnético que podía convertir las voces de los espíritus en audibles, bautizándolo como Spiricom. En definitiva, era un equipo generador de tonos y frecuencias que emitía trece tonos dentro del rango de la voz adulta masculina. En el libro *After we Die, What Then?* (¿*Y después de morir, qué?*), podemos encontrar cómo catalogaron más de veinte horas de diálogo con su colega espiritual Doc Mueller.

Mención aparte merecen las experiencias del profesor Hans Otto Koning en la televisión de Luxemburgo. Sirviéndose de un aparato diseñado por él mismo, las voces podían oírse por medio de un altavoz, al mismo tiempo que se registraban. Al realizarse las demostraciones en riguroso directo, todos los presentes podían hacer preguntas a sus hipotéticos seres queridos fallecidos y estos respondían transcurrida una breve pausa. Lo llamativo es que dicho aparato fue supervisado por el personal técnico de la misma televisión sin que advirtiesen fraude alguno.

Cuando el afamado locutor Rainer Holbe anunció a millones de oyentes que daba comienzo esta singular experiencia, y en cuanto Otto Koning preguntó: «¿Hay alguien ahí?», se oyó, al cabo de unos segundos, una voz en inglés que respondía: «oímos su voz».

Tras una breve pausa, la misma voz continuó: «Otto Koning establece contacto inalámbrico con los muertos». El propio presentador, presa de la emoción, hubo de intervenir para acreditar que estaba tan sorprendido por aquella insólita experiencia como lo estarían los oyentes, y para asegurar que daba su palabra de que aquello no era un fraude. «Se lo juro por la vida de mis hijos, nada ha sido manipulado, no hay trucos», afirmó.

Tras un intercambio de mensajes con aquellos comunicantes que se presentaban como personas fallecidas, la audiencia y el personal técnico se emocionaron visiblemente.

Otto Koning repitió su experiencia en Frankfurt, ante investigadores y periodistas, y en esta ocasión invitó a los presentes a que ellos mismos dirigiesen sus preguntas sin su intermediación. Una periodista preguntó por Raudive, fallecido nueve años antes, e inmediatamente se oyó una clara voz: «soy Raudive, he regresado». Comenzaron a simultanearse voces como las de Walter Steinneigel, un íntimo colaborador del propio Koning, fallecido poco antes.

Lo más destacable es que, a diferencia de sus predecesores Jürgenson y Raudive, las voces recogidas por Koning eran, si cabe, más nítidas y fácilmente reproducibles. Esto facilitaba la tarea de los investigadores a la hora de, por ejemplo, estudiar las pautas vocales que confrontaban las voces de un comunicante con su voz cuando se encontraba vivo.

LAS COMUNICACIONES POR TELEVISIÓN, ORDENADOR Y TELÉFONO

Como ya predijo Jürgenson, los contactos mediante la televisión con el más allá serían posibles. Aparece en escena Klaus Schreiber y con él, los primeros resultados con imágenes. Sirviéndose de una televisión desprovista de la antena y conectada a una videocámara, se generaba un efecto de retroalimentación que producía en la pantalla una serie de fogonazos que eran registrados

Klaus Schreiber.

secuencialmente en vídeo. Entre esos «destellos» supuestamente se adivinaban rostros humanos. Nacía así otra vertiente de la TCI: las psicoimágenes. Mediante este sistema, Schreiber obtuvo los rostros de sus dos esposas e hija fallecidas años atrás, así como otros rostros de personajes populares como el del físico Albert Einstein y la actriz Romy Schneider (protagonista de la película *Sissí, Emperatriz*). Esta nueva vertiente fue llevada, otra vez, a la televisión de Luxemburgo con notable acogida popular.

Los canales de contacto han ido evolucionando al amparo de las nuevas tecnologías, hasta llegar a producirse mensajes vía fax, teléfono u ordenador. El alemán Manfred Boden[7], el 21 de octubre de 1980, entregó un programa informático sobre biorritmos a un amigo, concretamente el programa iba contenido en una de esas

---

[7] Fernández, Carlos G. «Una ventana al más allá». Revista *Año Cero*, n.º 211, febrero del 2008.

unidades de cinta que utilizaban los ordenadores avanzados para su época. Aparentemente lo que parecía un fallo del *software* contenía un dato llamativo, donde debería haber un 23 aparecían constantemente las letras KG, consecutivamente unidas al número 180480. Manfred lo relacionó con un amigo fallecido meses atrás, Klaus Gunter, y la fecha exacta de su fallecimiento: 18/04/80. Más tarde esa primera intuición se fue confirmando al aparecer en su ordenador no ya secuencias de números o letras, sino mensajes plenos de contenido firmados por su amigo Klaus.

Pero quizás más llamativo aún fue el caso de Ken Webster, quien en 1984 recopiló cerca de doscientos cincuenta mensajes en el ordenador de un personaje que se identificaba como Thomas Harden, contemporáneo del rey Enrique VIII. El insólito comunicante existió realmente, fue decano de la capilla del Oxford College, y el estilo de sus comunicaciones respondía a un inglés de entre los siglos XIV y XVI.

En 1988 el matrimonio formado por Maggy y Jules Harsch-Fischbach, comenzó a recibir supuestas comunicaciones en su ordenador procedentes de una científica fallecida, Swejen Salter, y del escritor Richard F. Barton (1821-1880). Paralelamente también recibieron mensajes de un personaje no humano que se presentaba bajo la etiqueta de «el técnico». Curiosamente se trata del mismo interlocutor con quien dicen contactar experimentadores actuales como Anabela Cardoso y Adolf Holmes. Este hipotético comunicante sugiere una especie de «centro emisor», llamado «río del tiempo», desde donde provienen los contactos desde el más allá.

No deja de ser llamativo el que los ordenadores puedan verse afectados por pequeñas cargas electrostáticas, y que su funcionamiento se base en algoritmos no convencionales, lo que hace altamente improbable que, de ser ciertos los mensajes, podamos suponer una acción telequinésica.

Las llamadas telefónicas «imposibles» también tienen su casuística. El propio investigador, Scott Rogo, relató en primera persona su perplejidad cuando recibió una llamada del Instituto de Neuropsiquiatría de la Universidad de Los Ángeles respondiendo a una supuesta llamada suya. Lo curioso es que había pensado en llamar pero no lo había llevado a cabo. El asistente del instituto que había recibido su hipotética llamada llegó incluso a reconocer su voz.

Sobre este particular tengo una historia propia. Un día permanecíamos en casa, mi mujer, mi hija y yo, que estaba sentado al ordenador. Cuando sonó el teléfono ninguno lo cogimos. Más tarde, al escuchar el mensaje grabado, apareció la voz de un niño: «mamá... eres tú quien habla con mi mamá». Lo más desconcertante es que al identificar el número desde donde procedía esa llamada aparecía ¡mi propio número de móvil!, que había permanecido en todo momento junto a mí y no reflejaba ninguna llamada de salida. No quise encontrar explicación a tal absurdo. Pero lo cierto es que pensé que por entonces estaba en estrecho contacto con una buena amiga de mi foro que había perdido trágicamente un hijo, ella me mandaba fotos y constantemente me hablaba de él. De no ser porque el número desde donde me llamaban era mi propio móvil hubiera pensado que era una broma.

En el libro *Phone Calls From The Dead*, el doctor Scott Rogo y Raymond Bayless han detallado multitud de casos parecidos, en los que se han llevado a cabo increíbles conversaciones telefónicas entre personas fallecidas y sus allegados, con la peculiaridad de que el contador de la compañía no había registrado la llamada.

Gracias a una audiencia millonaria del programa de la televisión de Luxemburgo, *Historias increíbles*, el fenómeno de la TCI fue trasladado a la opinión pública más allá de los laboratorios y los gabinetes de especialistas.

La sencilla metodología permitía el contacto sin necesidad de aparatos sofisticados y bastaban unos conocimientos básicos; esto facilitó la creación de multitud de asociaciones diseminadas por todo el mundo que aún perduran y cuentan con publicaciones como *El vuelo de la mariposa*, de mis amigos Yvonne y Marivonne Dray, o los famosos Cuadernos de TCI conducidos por mi estimada Anabela Cardoso.

Hoy en día contamos con más de cincuenta monografías sobre transcomunicación instrumental en casi todos los idiomas y también con algunos boletines de colectivos pequeños y grandes que se han constituido en diferentes países.

3

Nuevas corrientes de investigación

La cosmovisión y el uso de técnicas fractales

En la actualidad cada investigador reinventa un método a su medida, que readapta a las nuevas posibilidades tecnológicas que van surgiendo: mezcladores de frecuencias, generadores de ultrasonidos, generadores de campos que emiten ondas rectangulares irradiadas por un transductor de ultrasonidos, sistemas basados en luz ultravioleta y cristales de cuarzo y un largo etcétera.

El doctor en Física e ingeniero de Telecomunicaciones, Otto Koning, ha venido desarrollando, en su sofisticado laboratorio, los ensayos más vanguardistas en todas las vertientes de la TCI. De tal suerte que ha conseguido imágenes en movimiento simultáneamente con la voz del sujeto.

Esos hipotéticos comunicantes que aparecen en la pantalla continúan presentándose en muchos casos como personas fallecidas, y las técnicas informáticas han facilitado el que dichas psicoimágenes mejoren su definición, al obtenerse en relieve.

Algunos investigadores como Pedro Amorós van más allá y vienen anunciando en congresos, como el que tuvo lugar en Hellín, cómo mediante una técnica aún no revelada, basada en el uso del láser e infrarrojos, se está en el camino de obtener el holograma de esos supuestos entes.

Otros investigadores como Sinesio Darnell mencionan un nuevo subcampo llamado «cosmovisión», donde aparecen seres, edificios y paisajes de otros planos de existencia. Especialistas en diseños de edificaciones han precisado que esas construcciones reflejadas en las cosmovisiones no parecen humanas.

Mención aparte merece la línea de investigación que ciertos experimentadores como Alfonso Galeano siguen en relación a los fractales. Fue el ingeniero francés Benoit Mandelbrot quien dio el nombre de fractales a objetos cuyo número de dimensiones no es un número entero, sino espacios monstruosos o una dimensión generalizada susceptible de tomar todos los valores posibles, fraccionarios e incluso irracionales.

Para explicar las psicoimágenes en relación a los fractales, tendríamos que recurrir al cálculo de probabilidades, con el que mediante fórmulas matemáticas introducidas en un ordenador podemos hacer que se generen imágenes de una gama infinita de formas y colores, partiendo de réplicas fraccionadas a diversas escalas cada vez mayores, pero desde un patrón o germen inicial. En el caso de la TCI, más concretamente de la psicoimagen, sería el observador quien reordenase ese infinito margen de probabilidades en una información finita y comprensible para nuestros sentidos.

El paralelismo hallado en experimentos con sujetos inducidos con sustancias alucinógenas, como el LSD o la ayahuasca, ha demostrado cómo esa aleatoriedad de figuras geométricas primitivas termina por adquirir formas complejas, según las características del sujeto y su «visión del mundo».

EL PROYECTO SFINGE

Cada voz guarda improntas individuales y no hay una igual a otra, como sucede con las huellas dactilares. Depende de las características físicas del tracto vocal, y estas son señales biométricas características que marcan un patrón o modelo indiferente al idioma y al acento, que pueden ser analizadas por medio de audiometrías.

El proyecto Sfinge[8] tuvo lugar en el Laboratorio Interdisciplinario para la Investigación Parapsicobiocibernética, en la ciudad italiana de Bolonia, bajo la dirección de Enrico Marabini. Allí tienen lugar investigaciones que pretenden, según palabras de su presidente «sacar a la parapsicología del gueto de las pseudo-ciencias, por tanto los llamados fenómenos paranormales son, en realidad, eventos naturales que presentan características fenomenológicas específicas».

Entre sus muchos departamentos, este laboratorio cuenta con uno que nos ocupa especialmente, el de

---

[8] Gulla, Daniel. «Mejora de la señal vocálica, tratamientos, análisis, comparaciones». ITC Journal, nº 31, marzo 2008. Edita Anabela Cardoso: http://www.itcjournal.org/

«voz», y entre su equipo multidisciplinar, con la figura de Daniel Gulla, ingeniero electrónico experto en fonética forense. Para su labor, se sirve de avanzados sistemas informáticos, *softwares* que operan con patrones de reconocimiento de voz, conjuntamente con las más sofisticadas técnicas electro-acústicas basadas en el empleo de herramientas diversas como osciariogramas, espectrodensiómetros y otras muchas. El modus operandi es similar al empleado para cotejar las escuchas de la Interpol o el FBI, y esta información se puede identificar y marcar usando tecnologías de reconocimiento automático del habla (en inglés *ASR: Automatic Speech Recognition*).

El objetivo principal de Daniel Gulla es comparar el grado de compatibilidad entre una amplia base de datos de voces de personas cuando estas se encontraban vivas, con sus hipotéticas comunicaciones obtenidas a través de técnicas TCI. Siempre se ha recriminado a los investigadores que los mensajes se caracterizaran por su corta duración. Pero para que este proyecto tuviera éxito se necesitaba que la voz paranormal fuese una locución superior a diez segundos, o en su defecto contener al menos quince vocales. También eran necesarios unos razonables parámetros de inteligibilidad (voces comprensibles), lo que técnicamente se conoce como buena relación señal/ruido. El material idóneo son voces muy extensas (incluso de veinte segundos) como la de Chiara Lenzi, obtenida mediante la técnica de las VDR (voces directas de radio) por Marcello Bacci en su centro de Grosseto.

Una vez comparada la voz en vida de Chiara Lenzi con su presunta comunicación desde el «más allá», el resultado fue revelador: una concordancia de más del

99% en el trazado fonético, como dictaminó el test de verosimilitud ejecutado con IDEM, un *software* del Racis. Ante cualquier tribunal, estos resultados supondrían una prueba definitiva de que se trata de la misma persona.

EL PRODIGIOSO MUNDO DE LA MENTE EN RELACIÓN A LOS FENÓMENOS PARANORMALES Y LA PRODUCCIÓN DE PSICOFONÍAS

¿Qué sabemos de la elemental mecánica de producción de una sencilla voz electrónica? ¿Quiénes son nuestros comunicantes? Y finalmente, ¿qué papel jugamos nosotros a través de nuestra desconocida mente?

La hipótesis trascendental de la supervivencia de un sustrato de la identidad humana más allá de la muerte viene siendo la hipótesis más aceptada por la comunidad de investigadores del fenómeno. Para ello se basan en que nuestros comunicantes «del otro lado», generalmente se identifican como personas que anteriormente estaban vivas, ofreciéndonos en ocasiones datos autobiográficos.

Directores de importantes empresas de telecomunicación, catedráticos de muy diversas materias, y un número significativo de doctores suscriben sin fisuras teorías como el contacto con personas fallecidas y otros seres de diferentes planos de existencia. Esto nos indica que las pruebas recogidas por la mayoría de los especialistas son de una indiscutible contundencia.

Las líneas de investigación modernas nos van llevando por caminos que antes creíamos más propios de la ciencia ficción. Pero llevados por los métodos de la comparación y la experimentación de la química y de la biología, podremos empezar a desentrañar muchos de los mecanismos que dan lugar a los fenómenos llamados «paranormales».

Así, muchos de los sucesos etiquetados como «anómalos» van dejando de ser considerados como tal. Por ejemplo, ya sabemos que los viajes astrales tienen su origen en una desconexión de los circuitos del cerebro; que los sonidos del mundo subsónico y ultrasónico, que escapan al espectro auditivo de una persona, generan sensaciones de inquietud y miedo; y que una sobre-estimulación del lóbulo temporal nos aporta la creencia de estar siendo observados debido a una hiperactividad en el giro cingular.

Pero al igual que muchas puertas «paranormales» se cierran con el avance de la ciencia, otras se abren a la estela de las nuevas corrientes de la investigación moderna, sobre todo las que guardan relación con las partículas microscópicas.

El físico Helmut Schmidt[9] construyó una máquina de «precognición» basada en cuatro bombillas que se encendían alternativamente cuando se producía un proceso de desintegración atómico. Ningún físico era ni es capaz de adivinar los procesos de desintegración radiactiva, pero determinadas personas llegaban a predecir lo impredecible. No hablamos ya de anticipar el futuro de entre posibilidades matemáticas marcadas por

---

[9] Jiménez Visedo, Antonio. *Fenómenos telérgicos: Telekinesia y otras manifestaciones (1850-1934). La Nueva Parapsicología.* Editorial Noguer, 1981.

Helmut Schmidt construyó una máquina de «precognición».

el azar, sino de predecirlo de entre una suma de probabilidades infinitas. Así opera, en ocasiones, nuestra prodigiosa mente.

Campos colectivos globales

Los experimentadores llaman «psinergía» a una energía psíquica diferente de la corriente cerebral registrada en el electroencefalograma y que, de alguna forma, sobrevive al cuerpo físico.

Algunos elementos de la mecánica cuántica parecen tener un aspecto esencialmente parapsicológico, por lo que muchos de los sucesos extraños podrían explicarse mediante paradojas como las de Eisntein, Bodoski y Rosenheim, según las cuales, al hacer estallar un átomo, si modificamos el estado cuántico de una de las mitades, automáticamente sucede lo mismo con la otra mitad, sin importar la distancia que les separe. Una primera lectura de este fenómeno nos hace pensar que existen canales desconocidos a través de los cuales estos átomos se «telefonean».

Tomar nuestro cerebro como una máquina cuántica, e incluso llegar a considerar si existe una coherencia cuántica de pensamiento entre las personas, nos dirige hacia posibilidades insospechadas.

El estado de vacuidad no es un vacío propiamente dicho, tiene una entropía cero y contiene partículas de todas las formas posibles de la materia, en su forma virtual (no física) no relacionadas con el espacio-tiempo. Dicho de otro modo, lo macroscópico se injerta en lo microscópico.

Los físicos del laboratorio Fermilab de Illinois (EE. UU.), en sus experimentos llevados a cabo con el acelerador de partículas Tevatrón, han descubierto los restos de una partícula desconocida que podría significar la manifestación de la materia oscura en la tierra. Observaron con incredulidad cómo esta partícula obraba desde fuera de la pequeña cápsula de un centímetro y medio sin dejar señales ni trayectoria.

El físico Helmut Schmidt, quien llevó a cabo una interesante casuística experimental, lejos de reservar a nuestra mente un protagonismo pasivo, sentenciaba que en parapsicología existe una interacción suplementaria por la cual un sistema atómico se ve afectado no solo por lo que hace el experimentador, sino también por lo que este piensa.

Pensar en ser capaces de interactuar desde la prodigiosa plasticidad que ofrece el cerebro con un universo que se expande sin límites conocidos es imaginar una cualidad omnisciente en el hombre, que nos llevaría a la posibilidad de decodificar toda o parte de la información indiferente al espacio-tiempo latente en el universo.

La codificación de la conciencia

Pero, independientemente de estar interconectados con el todo, ¿no debería, necesariamente, codificarse en ese campo colectivo una suerte de sustrato contenedor de la conciencia de las personas que han fallecido?

Sobre este asunto es interesante mencionar el llamado efecto Delpasse. A través de experimentos con enfermos terminales voluntarios, a quienes se entrenaba en técnicas de proyección por el procedimiento de la biorealimentación, se detectaba que en el momento de su fallecimiento, una desconocida corriente abandonaba simultáneamente el cuerpo utilizando la frecuencia alfa de las ondas cerebrales. Para ello se sirvieron de la lectura del escáner del electroencefalograma, entre otras observaciones. Según los experimentadores, Jongh Van Amsynck, neurólogo, y Jean Jacques Delpasse, físico: Creemos que, al morir el cerebro, se produce el salto cuántico sincronizado de la corriente psinergética. De esta forma, la personalidad humana contenida en las moléculas del cerebro se ve lanzada por fuerza concentrada fuera del conjunto celular a la hora de la muerte definitiva. Las radiaciones que se originan de este modo pueden ser comparadas a un rayo láser. Y hemos de referirnos a esta luz coherente como un rayo de psinergía que abandona las células humanas y se lleva consigo, a modo de código cifrado, la imagen de nuestra conciencia.

Supongamos a un experimentador deseoso de lograr una comunicación en un entorno en el cual no existe un interlocutor, en términos de nuestra realidad cotidiana. Sus procesos mentales diseñados para lo meramente funcional, probablemente se sobreexcitarían como un sistema computacional en busca de informaciones útiles. En otros términos, estaríamos hablando de una expansión de la conciencia, de un pensamiento fecundador que operaría en la energía oscura. Finalmente, impresionar un dispositivo grabador con mensajes más o menos coherentes, de manera generalmente rudimentaria y excepcionalmente de forma nítida, no sería nada más que el final de un proceso.

Lo interesante no es solo saber si un tipo de conciencia de la personalidad puede sobrevivir a la muerte, sino si esta posibilidad contempla el que lo haga manteniendo su propia identidad y autonomía. En otras palabras: ¿nuestros comunicantes son meras improntas de personas que han dejado de existir revividas por la actividad psíquica generada en el experimentador, o tienen entidad en sí mismas?

Esto último es crucial, porque de ser así, todo lo anteriormente expuesto solo formaría parte de la mecánica del contacto.

Mecánica y proceso de las comunicaciones

Pero, ¿a través de qué canales llega a convertirse en una voz electrónica?

Los neutrinos son partículas subatómicas de carga neutra capaces de contener gran cantidad de información. Si imaginamos un constante bombardeo de neutrinos con la propiedad de traspasar la materia, quizás pueda suceder que esa información sea recibida y procesada extravagantemente por el cerebro, para terminar siendo transformada en términos comprensibles, es decir, dando lugar a una comunicación.

No olvidemos que los potenciales de acción que controlan físicamente la transmisión de la señal nerviosa en el cerebro tienen un origen mecánico-quántico y sobre estos se proyecta la sombra de un campo colectivo atemporal y multidimensional.

Finalmente, esa información debería pasar del cerebro al dispositivo grabador de forma análoga a nuestra capacidad de impresionar películas o negativos con la sola intención mental.

El matemático Adrian Dobbs, habla de los «psitrones», transmisores de similar característica a la de los neutrinos (recordemos, portadores de información). Y teoriza sobre la capacidad de estos transmisores de interactuar con las neuronas del cerebro, sin que medie ningún órgano sensorial.

Con relación a la conciencia, recordemos la opinión del filósofo Husserl, para el que «la intencionalidad es lo que caracteriza a la conciencia en su pleno sentido». Consecuentemente, si la intencionalidad es algo dinámico que parte de la conciencia, ¿qué ocurre entonces con las psicofonías?

El proyecto Aware

Actualmente hay un debate muy interesante sobre si la conciencia continúa al cesar la actividad eléctrica del cerebro. Partiendo de los testimonios de personas que han vivido experiencias al borde de la muerte, físicos y médicos ingleses coordinados por la Universidad de Southampton han emprendido el proyecto Aware[10]. Dicho proyecto trata de establecer la relación entre el cerebro humano, la conciencia y la muerte clínica. El hecho de que muchos de estos relatos de «retornados» provengan de personas de las más diversas procedencias sociales, intelectuales o religiosas, nos revela que estamos ante un fenómeno transcultural y universal.

Si la ciencia oficial, hija del positivismo, ha determinado que la conciencia está ligada a los procesos neuronales, ¿cómo pueden explicarse estas vivencias que apuntan a la subsistencia de la conciencia en estado de muerte clínica?

Empeñados en ser inmortales, quizás no hayamos reparado en que, en cierta manera, ya lo somos. El ácido carbónico, el agua, el amoniaco, los fosfatos y todas las sales minerales en las que se descompone el ser humano, se reintegran de nuevo en el ciclo de la vida. Si las funciones anímicas forman series o etapas hasta llegar al intelecto, ¿puede existir un movimiento análogo en la conciencia que parta de lo ordinario hasta alcanzar la conciencia plena? ¿Acaso cada pequeña célula individual

---

[10] http: //www.soton.ac.uk/. Emili J. Blasco. «La vida más allá de la muerte». *ABC*. Ciencia y Futuro. 17/09/2008.

no es un sistema cognitivo en sí mismo conectado con todo lo demás?

Según David Bohm[11], experto en teoría quántica: La conexión entre la mente cósmica y la mente individual produce la experiencia de la percepción directa consciente. El hombre se hace consciente de su dimensión psíquica superior y alcanza una visión más íntegra y ajustada de la realidad global. Es el denominado *insight*, percepción directa o contemplación consciente.

La característica fundamental del pensamiento de David Bohm es que vivimos inmersos en un sistema plural en constante cambio, pero sometido a un mecanismo de control individual que lo sustenta, rige y unifica. En atención a esto, existe una totalidad primaria indivisible y atemporal que contiene un orden implícito multidimensional, lo que explica contingencias marcadas por el azar que dan lugar a fenómenos físicos extravagantes.

Una autoridad mundial en el campo de la matemática y la física, Roger Penrose,[12] ha sentenciado:

> Desde mi punto de vista, lo que implica el concepto de conciencia depende de una serie de aspectos físicos que todavía desconocemos..., existe algo fuera del ámbito de la computación que impulsa nuestros procesos mentales. Por lo tanto, aunque la conciencia es el resultado de una serie de procesos físicos que tienen lugar en el cerebro (es decir, hay una serie de procesos físicos que deri-

---

[11] Béjar, Manuel : «Biofísica de la conciencia». http://www.tendencias21.net/La-biofisica-de-la-conciencia,-explicada-desde-la-teoria-cuantica-de-David-Bohm_a1456.html

[12] Entrevista de Eduard Punset a Roger Penrose: http://www.rtve.es/tve/b/redes/entrevistados.htm

van en la conciencia), estos procesos físicos no son los procesos normales que se estudian actualmente en la física. Esto significa que necesitamos introducir un nuevo elemento en nuestra forma de entender la física, y este elemento sería para mí la mecánica cuántica, y cómo los fenómenos a pequeña escala descritos en la mecánica cuántica se fusionan con los fenómenos a gran escala de los objetos macroscópicos.

Ya en 1957 en la Asamblea Nacional de Ciencias, el doctor Wilder Penfield (*Nuevos horizontes de la ciencia,* 220-222), director del Instituto Neurológico de Montreal y una autoridad en las funciones cerebrales, habló de una zona de la corteza cerebral, sin aparente función, pero que registraba una suerte de «almacén de la corriente de conciencia». Ese «almacén» guarda registro de todo lo que ha percibido un hombre, vivencias de incluso segundos que luego se pierden y no pueden ser recuperadas voluntariamente. En palabras de Penfield:

> Puede compararse a una grabadora de cinta magnética o película sonora [...] cuando el electrodo estimula esta región, el sujeto, por ejemplo, oye una canción olvidada, no la imagina, ¡la oye! Episodios de la niñez recobran nueva vida y son revividos como presentes..., esta región se encuentra en los lóbulos temporales y esconde la clave que libera el pasado, de cómo el cerebro convierte en pensamiento los impulsos eléctricos, es uno de los mayores misterios.

El bioquímico inglés Rupert Sheldrake va más allá de los límites periféricos del ser humano y alude a una suerte de campos alternativos a los que denomina «campos morfogenéticos», expone una revolucionaria hipótesis sobre la «causación formativa», que sugiere que

Wilder Penfield
(1891-1976).

la memoria es inherente a la naturaleza, tiene carácter colectivo y va más allá del espacio-tiempo.

Una vez más parece que nos encontramos ante una nueva física que perfila un mundo donde las partículas elementales no solo son formaciones corpusculares, sino formaciones ondulatorias. Lo cual significa que estas pueden situarse en cualquier punto del universo quebrantando el principio rígido de localización convencional. En consecuencia, el tiempo, tal como nosotros lo percibimos, sería solo una ilusión.

Me parece que la TCI tiene mucho camino por recorrer, ya que por debajo del infrarrojo y por encima del ultravioleta existe un recorrido «vibracional» que nos puede deparar formas de vida inimaginables, a las que permanecemos ajenos por la limitación de nuestros sentidos. Los matemáticos apuntan a que nos movemos en un mundo de seis dimensiones (que por otra parte, posiblemente, sean muchas más), tres lineales, una de espacio-tiempo y dos psíquicas. Roger Penrose, por su

Rupert Sheldrake.

parte, sostiene que existen hasta once dimensiones. También hay otros físicos que aluden a la «vibración de las supercuerdas», según la cual en un espacio de diez dimensiones, seis de ellas se enrollaron sobre sí mismas un instante después del nacimiento del universo y las otras cuatro quedaron para perfilar el mundo tal como lo conocemos (espacio tridimensional más el tiempo). Debemos, pues, esforzarnos por comprender la pluralidad y complejidad de un mundo que se nos escapa mientras permanecemos prisioneros de nuestros limitados sentidos, y las interacciones inmensas que pueden tener lugar en esas supuestas dimensiones.

4

TEORÍAS E HIPÓTESIS

Las hipótesis sobre el origen de las psicofonías a grandes rasgos se pueden resumir en tres:

1. **Capas profundas del inconsciente.** Las psicofonías son un tipo de ondas o frecuencias inaudibles que el subconsciente de cualquiera de los experimentadores proyecta hacia el micrófono receptor o el cabezal del aparato grabador, produciendo en la banda magnética una impronta. Son en definitiva, pensamientos recurrentes o mensajes inconscientes que aportan informaciones reales o no, promovidos por dicho experimentador.

2. **Hipótesis trascendental.** Son mensajes que provienen de un plano no físico o del «más allá», emitidos por seres ya difuntos que se comunican con nosotros a través del magnetófono.

3. **Otros planos o dimensiones de existencia.** Las psicofonías son una forma de energía desconocida que se proyecta desde un campo colectivo universal, modulada por obra de una o varias voluntades ignotas que proyectan mensajes y respuestas a nuestras experiencias,

bien directamente sobre la banda magnética, bien a través de los experimentadores.

Los protagonistas del fenómeno

Los investigadores

En este apartado se incluye a grandes rasgos la opinión de diferentes personas de mi entorno relacionadas directa o indirectamente con las voces electrónicas. Mi intención es que se vean representadas las distintas sensibilidades ligadas al fenómeno.

> Durante más de diez años [...] la única conclusión a la que he llegado [...] es que bajo un punto de vista técnico, el fenómeno psicofónico no tiene explicación.
>
> Iván Hitar (delegado del SEIP (Sociedad Española de Investigaciones Parapsicológicas de Castilla La Mancha).

> La impronta que deja la constatación del fenómeno en la mente de quien lo experimenta es abrumadora, indeleble.
>
> Luis de la Fuente (experimentador).

> Practicamos y divulgamos la transcomunicación instrumental con el convencimiento de encontrarnos frente a lo que, tal vez, sea el más maravilloso descubrimiento de la humanidad: la comprobación indudable de la existencia de vida más allá de la vida.
>
> Grupo argentino de TCI: «Viaje infinito hacia la luz».

> El hecho de que la ciencia aún no haya sido capaz de descubrir el funcionamiento de las psicofonías [...] no

significa que no existan. De igual manera que porque Cristóbal Colón no hiciese público que había descubierto América, esta no existiese desde siempre.

Jose Luis Jiménez
(investigador parapsicólogo).

Karine, mi amada hija, había fallecido en un aparatoso accidente [...] pero en un momento todo cambió [...] mediante una técnica a la que podría atribuirse un sustento científico: la TCI [...] Pudimos escuchar claramente: mamán (mama) [...] Karine, Magna (el nombre de su mascota).

Yvonne y Maryvonne Dray
(Asociación Mexicana de TCI).

Pienso que a través de la TCI puede resurgir algún día la prueba indudable de la existencia de la vida después de la vida.

Blas-Garin, Jacques (Association Infinitude).

Los contactos se dan a tres niveles: en el primero, y en un gran número de veces, se presentan como personas difuntas. En el segundo, se dan a conocer como seres superiores que no han sido ni serán humanos (podrían ser seres espirituales o ángeles de la guarda). Finalmente, en el tercero, se manifiestan como seres que habitan otros mundos.

Marian Casademont
(investigadora, diplomada y con un máster
en la Universidad Libre de Parapsicología
y Ciencias Afines de Barcelona).

A los meses de fallecer mi hijo empecé a dudar de mis principios, me puse a buscar información y a creer que los contactos se podían realizar [...] a través de tu página web empecé a empatizar contigo, encontraba que eras una persona sensible a la par que objetiva y que buscas la verdad por encima de la propaganda y el sensacionalismo. Creo que tienes espiritualidad y un interés sincero [...] no sé que más decir.

Nati Félix (una madre).

Recuerdo con enorme satisfacción el momento de captar mis primeras voces, francas, coherentes. Fue después de un mes de ensayo y transcurridas once sesiones.

Fernanda Alcántara
(investigadora portuguesa y profesora universitaria).

En las psicofonías los que hablan son almas que perdieron su camino hacia la luz y vagan por el mundo.

José Antonio Fortea
(sacerdote y teólogo especializado en demonología).

La TCI, basada en registros controlados y que pueden ser testados y analizados por terceros, permite en esencia abordar el fenómeno de la supervivencia.

Luisa Alcántara
(experimentadora portuguesa).

¿Que ocurriría al mezclar el estudio de las psicofonías con el estudio de la telepatía o de la percepción extrasensorial? ¿Qué resultados daría analizar conjuntamente el fenómeno de voz psicofónica con los síndromes de las voces de la esquizofrenia? La física quántica, el estudio de las partículas exóticas y las altas energías, ¿no nos facilitarían una base mínima sobre la que sustentar nuestro estudio?

Dalmiro Ubiña
(investigador y analista de sistemas).

Los mismo inventores de los aparatos que hoy nos sirven para grabar […] lo hicieron con una única finalidad: comunicar con el más allá, [...] tras esta vida hay un infinito espacio en blanco lleno de posibilidades donde la vida continúa, […] gracias a investigadores como José Ignacio Carmona Sánchez, estamos cada día más cerca de la respuesta. ¿Hay alguien ahí?, [...] yo estoy convencido de que sí. Pero espero su respuesta.

Miguel Blanco
(periodista y divulgador de temáticas fronterizas.
Conductor del mítico programa radiofónico
Espacio en blanco, RNE).

Pienso que se nos escapa algo. Ninguna de las hipótesis actuales como son: voces del más allá, otras dimensiones, pareidolias, interferencias o la influencia de la mente, explican al cien por cien el fenómeno. Espero que algún experimentador logre una conclusión final, y para ello necesitamos un método científico, un protocolo actualizable, una tecnología fiable y una mayor comunicación entre nosotros.

César Pachón
(técnico especialista en electrónica).

Las máquinas

En los últimos tiempos se ha venido poniendo de moda el uso y abuso de técnicas y soportes extravagantes. Pasando por alto que la instrumentación es sencillamente un medio, es decir, se brinda a su funcionalidad, se ha terminado por generar confusión en torno a si el fenómeno depende de una técnica o aparato en concreto.

Desmitifiquemos: la veracidad de una psicofonía no es proporcional a un mayor despliegue técnico. La única virtud que nos aportan las máquinas es tratar de minimizar los errores de apreciación.

Si como punto de partida, a la hora de experimentar, nos fijamos unos razonables criterios de autoexigencia, ahorraremos tiempo y energía. A tal efecto solo debemos considerar y trabajar sobre hipotéticas inclusiones cuando sugieran al menos un contenido. Desestimaremos monosílabos, exabruptos, ruidos, y todo aquello que a buen seguro pudiera apuntar a un origen incierto.

Como en definitiva, al iniciarnos en la práctica psicofónica, no pretendemos convertirnos en expertos en física quántica, electrónica o acústica, ¿de qué nos vale conocer las características técnicas de cada uno de los diferentes soportes y dispositivos de grabación?

Dejemos esa labor a las personas que tengan interés en ello, conocimientos y recursos adecuados. Seguramente lo que pretenden los investigadores que ponen el acento en la parte más técnica es llegar a desentrañar la mecánica del proceso de formación de una psicofonía, tarea que, dicho sea de paso, se me antoja imposible, ya que la causa que hace viable la grabación de una voz paranormal fluctúa más probablemente debido a factores humanos y ambientales que al propio dispositivo grabador.

Aunque sea importantísima la faceta instrumental, opino que no hay que olvidar qué es lo que presta la definición al propio fenómeno, ya que hemos ido descuidando los aspectos puramente humanos y parapsicológicos.

No obstante, a cualquier persona interesada en solicitar información adicional sobre aspectos técnico-instrumentales relacionados con la experimentación psicofónica, le invito a dirigirse al investigador y amigo César Pachón a través de su web: http://raudivevoice.blogspot.es/

Actualmente es una de las referencias nacionales al respecto y cuenta en su haber con el laboratorio particular probablemente mejor equipado y los conocimientos necesarios para atender nuestras consultas.

Los lugares

Crecí en un antiguo caserón aledaño a la plaza de toros de Toledo. Al excavar parte del terreno para levantar nuevas edificaciones, se descubrieron los restos de lo que era una antigua necrópolis.

Ante tal descubrimiento, en una rápida asociación mental, mis familiares creyeron hallar respuesta a la multitud de fenómenos inexplicables que allí se venían produciendo. Eran de tal magnitud, que desde pequeño fue relativamente frecuente ver sombras con forma humana deambulando por los largos pasillos y oír mimofonías (sonidos que imitan efectos físicos) en el ruido ambiente. Imaginariamente era como si convivieran dos familias en diferentes dimensiones y/o tiempos sin interferirse, salvo en puntuales ocasiones.

Sin duda el acontecimiento más impactante me sucedió alrededor de los diez años. A plena luz del día, mientras mi abuela hacía sus tareas en mi habitación, pude observar cómo un anciano ataviado como de principios de siglo (boina, faja, etc.,) permanecía asido a los pies de mi cama, limitándose a observar. Inexplicablemente no sentí temor alguno, y durante los interminables segundos que duró la visión, me limité a permanecer callado entre confuso e idiotizado.

Estos sucesos esporádicos no solo eran observados, y silenciados, por los miembros de la familia sino que, al estar una parte de la casa habilitada como casa de huéspedes, algunos de estos fueron testigos.

Recuerdo a un policía de paso por Toledo que llegó a violentarse mucho porque, al ver una silueta oscura perfectamente definida deambular por la habitación, creyó que alguien se había colado en la misma. Decía sentirse acompañado por una presencia que no acertaba a describir, y naturalmente terminó abandonando el ático realquilado. De esa o parecida naturaleza eran los hechos que allí pasaban.

Las casas son como las personas, tienen su propia historia. Mi barrio se levantaba, además de sobre un lugar de enterramientos, sobre los restos de lo que en otros tiempos fueron dos hospitales. El primero de ellos pertenecía a la orden de los antonianos, que se ocupaban de curar el llamado «baile de San Vito», provocado por el cornezuelo del centeno. Más tarde, existió asimismo un hospital de sangre donde se llegaron a producir, durante la guerra civil, hechos tan horribles como el asesinato a sangre fría de los heridos convalecientes.

No lejos de allí, las crónicas hablan del «cerro de la horca», un antiguo cementerio hebreo, que además, como su nombre indica, también podría hacer alusión a un lugar de ajusticiamientos. Volviendo a épocas más recientes, durante la guerra civil, fueron decenas los fusilamientos, según los testimonios de mis mayores.

La habitual hipótesis de una suerte de impregnación psíquica de los lugares ha sido sustituida por las bases de una teoría subliminal de la información, que no habla tanto de improntas como de interacciones. En una casa en Norteamérica con fama de encantada, se llevó a cabo una investigación en la cual sus responsables, con motivo de desestimar la sugestión, improvisaron el empleo de animales diversos, concretamente una serpiente, una rata, un perro y un gato. Lo que sucedió es que, únicamente en la habitación de la enorme mansión que los testigos señalaban como «encantada», los animales dieron muestras evidentes de resistirse a entrar o permanecían nerviosos en estado de alerta.

La somestesia es el conjunto de percepciones que el cuerpo recibe por medio de los sentidos. Si aceptamos que la parapsicología estudia el entrelazamiento de hechos psicológicos poco usuales, por analogía debemos suponer interacciones desconocidas no solo entre los seres vivos, sino entre estos y su entorno.

En cuanto a qué sentidos intervienen en los eventos fronterizos, hace tiempo se descubrió que la glándula pineal o epífisis, ubicada en el centro geométrico del encéfalo, podría ser el centro y sede de la percepción extrasensorial (PES). Esta glándula funciona como transductora de las señales que se reciben de las células y se derivan a otros centros fisiológicos, se trata de un órgano atrofiado de función primitiva desconocida. En experimentación en laboratorio, al excitar el córtex cerebral se han producido alucinaciones con formas luminosas, animales y personas.

No olvidemos que los científicos ya aceptan que los procesos básicos de la vida sean computaciones en un sentido paradigmático y que no existe una línea de separación, tal como se suponía, entre la materia inanimada y la vida, por lo que debe existir una correlación de causas–efectos aún desconocida.

Las voces

Los investigadores de las psicofonías generalmente extraemos nuestras conclusiones sobre una serie de rasgos o patrones de conducta repetitivos observados mediante el empleo de cuestionarios. Según mi propia experiencia, las psicofonías cumplen estas nueve características:

1º Son intencionadas. Esto puede comprobarse cuando el investigador recibe de sus «comunicantes» pequeñas informaciones sobre sí mismo, como llamarle por su apelativo familiar, desconocido incluso por el resto del grupo.

Del mismo modo, aportan informaciones desconocidas sobre el lugar u objeto de la experimentación. En una grabación localizada en una iglesia primitiva, aparecía una voz que, al referirme a cierta puerta, la nombraba como «puerta de la muerte». Pude comprobar posteriormente por boca de la guía del lugar que realmente tenía ese nombre por su relación con ciertos ritos de enterramiento antiguos.

2º Hacen gala de fenómenos tan dispares como la retrocognición (conocimiento de hechos pasados), la precognición o la proscopia (anticipan hechos venideros) y la simulcognición (conocen hechos que están sucediendo en el mismo u otro espacio).

En reiteradas grabaciones recogí el nombre de mi hija, incluso antes de llegar a conocer a mi mujer, la que sería su madre. Fue mucho más tarde, al revisar grabaciones olvidadas, cuando descubrí impresionado este desconcertante detalle.

También me han anunciado pequeños accidentes sobre los que no caben interpretaciones subjetivas, como aquella vez que se hundió el suelo del patio de mi casa, llevándose con él la caseta donde criaba mis canarios. La noche anterior, pregunté a las voces por un futuro suceso, y respondieron un lacónico: «aves… accidente».

Reportan informaciones verdaderas sobre una acción que se lleva a cabo en otro espacio distinto al de la experiencia. A la pregunta: ¿qué hace mi mujer en este momento?, la respuesta fue inequívoca y correcta: «libro». Tras realizar una llamada telefónica de comprobación, ella me confirmó que leía tranquilamente en el salón de nuestra casa, a sesenta y seis kilómetros.

3º Inusualmente se registran comunicaciones en otros idiomas diferentes al del investigador, muchas veces desconocidos absolutamente por él. En una ocasión, dimos a oír a un árabe una presunta voz en ese idioma y no dudó un instante en identificarla y traducírnosla con la palabra «sola».

Es reseñable que dicha voz fuera obtenida sobre los restos de una primitiva población musulmana y que además fuera fácil de contextualizar con la pregunta que habíamos hecho: ¿cómo te encuentras allá donde estés?

Asimismo, hemos obtenido voces con pintorescas misceláneas en varios idiomas como aquella que, ni más ni menos, decía literalmente: *«Raudive ad sus discipulum»*. Lo que más o menos pudiera traducirse como «Raudive, hacia sus discípulos».

Recordemos que Raudive fue uno de los pioneros del fenómeno y, después de fallecido, su voz ha sido obtenida por diferentes experimentadores.

4º El mundo de las voces puede ser definido como un «fenómeno telegráfico», o sintético, pues se resuelve en los contextos de una comunicación elemental, con respuestas de una o dos palabras y excepcionalmente de frases. Además, no atienden siempre a una lógica gramatical.

Esporádicamente nos encontramos con un buen número de grabaciones con contenidos obscenos u hostiles: «Hijo puta», «vas a morir», «¡fuera!», «¡vete!»...

5º Las más de las veces la «causa paranormal» se «auto-invita» ignorando las preguntas o sobreimpresionando mensajes triviales sobre el transcurso de la grabación, incluso sin sentido aparente: «sorpresa», «ve dentro», «tranquilízate», «claro»...

6º Aportan informaciones muy básicas sobre sí mismas, en ocasiones contradictorias: «de otro espacio», «no somos muertos», «los muertos al habla». ¿Nuestro estado de ánimo influye?: «imprevisible».

Que nadie espere largas disertaciones morales o filosóficas con amplias relevaciones sobre la constitución de su mundo. Al contrario, se recogen sencillas respuestas de carácter cotidiano del tipo: «Por qué me llamáis voces», «soy una persona», «aún existimos», «me llamo Santiago», «sí... estamos cerca», «detente», «no quiero nada de ellos», «os veo»... y toda una serie de informaciones banales y apenas relevantes.

7º Manifiestan una trasgresión del tiempo, y ocurre que a veces la respuesta se anticipa a la pregunta. Por ejemplo, antes de decirle a mi acompañante «¿por dónde vamos?», una voz se precipitó a contestar y se registró «por ahí».

8º Son capaces de leer nuestros pensamientos. En una ocasión, un colaborador mío escribió una pregunta con el objeto de formularla únicamente a través del pensamiento, el contenido quedó anotado en un sobre cerrado y yo desconocía el enunciado. Finalmente una voz contestó claramente: «¿qué será de mi madre?», la pregunta había sido: «¿en qué estoy pensando ahora?».

Era del todo correcto, ya que, preocupado por una enfermedad que esta padecía, mi colaborador pensaba en su madre.

9º Podemos clasificar las voces en cinco grupos:

a. Psicofonías por inversión. Aquellas que cobran sentido invirtiendo el sentido de la reproducción.

b. Psicofonías por absorción. Se caracterizan por tener contenidos difíciles de interpretar al mimetizarse la causa paranormal entre las voces de los experimentadores y los ruidos ambiente. Suelen producirse previas a las pausas entre preguntas.

c. Psicofonías interrelacionadas. Dos o más voces paranormales que hablan entre sí sobre el transcurso de la experimentación o independiente de ella.

d. Psicofonías directas. Son las más comunes, aparecen contextualizándose directa o indirectamente con la experiencia, siendo indiferentemente de niño o adulto, masculinas o femeninas. Su particularidad más llamativa es que tienen una impronta tonal que parecen situarlas «en otro espacio» distinto al de la realidad de la experiencia.

e. Psicofonías robotizadas. Parecen pronunciadas por un artilugio mecánico. Todo hace pensar en un proceso de producción inacabado o con manifiestas inferencias de la mecánica del soporte.

Exterior de la iglesia de Santa María de Melque.
San Martín de Montalbán (Toledo).

Existe una serie de psicofonías «inclasificables». Estas serían las que, sin tener un ánimo por establecer comunicación con el experimentador, no obstante esconden en sí mismas una manifiesta intencionalidad.

En cierta ocasión al realizar una pregunta a la causa paranormal sobre el sentido de la reencarnación, una voz muy firme se graba en el mismo instante en que dejo de hablar: «sorpresa». Les aseguro a ustedes que estos tipos de voces son las que más me inquietan porque parecen «jugar» con los presentes, generalmente de manera poco agradable.

Cerca de donde obtuvimos esta voz, en el cementerio de monjes anexo a la iglesia de Santa María de Melque, tuvimos otra experiencia parecida. Mientras montábamos los equipos, se produjo de manera espontánea una situación que nos hizo reír a todos. Como los equipos ya estaban grabando, sobre el eco de nuestras risas en una posterior audición surge una voz distinta, profunda, que con evidente sorna imita una carcajada verdaderamente siniestra y escalofriante.

El inconsciente

El hecho de que los mensajes sean anodinos en un alto porcentaje y el que sus construcciones gramaticales sean infantiles o carentes de sentido podría estar apuntando, en una primera lectura, a la rudimentaria manifestación de capas profundas de la conciencia.

Una de las teorías que trataban de explicar las voces anómalas era que estas surgían de personalidades secundarias que forman parte de nuestra compleja personalidad. Sería un lenguaje alternativo del mismo modo a como durante el sueño procesamos la información de manera simbólica. Ciertamente, el continente y el contenido de muchas de las psicofonías nos evocan pautas cognitivas características de una personalidad en formación.

Circunscribiendo el fenómeno al cerebro, he encontrando rasgos psico-evolutivos comunes al lenguaje de los niños. En los niños el lenguaje se vertebra sobre el concepto de su visión del mundo, carece de funcionalidad comunicativa, y se establece bajo fórmulas imitativas que se identifican con el objeto imitado. Las respuestas no forman parte del lenguaje espontáneo del niño y terminan por ser un monólogo expresado en un lenguaje telegráfico y fabulador.

Una vez acudí a un escenario sobrecogedor con un amigo y una familiar que había perdido a su marido. En aquella ocasión se lograron dos voces reveladoras atendiendo al caso particular de cada uno. Cuando mi colaborador inició el cuestionario estaba prácticamente semidormido, obtuvimos una voz de niño que por tres veces repetía un contenido revelador: «me duermo… me duermo... me duermo». En el caso de mi familiar surgió una voz grave y rotunda: «vive en tu cabeza». Lógicamente ella se emocionó pensando en su marido, pues esas mismas palabras eran las que ella utilizaba constantemente para referirse a él.

En una primera lectura explicaría el caso del amigo como un mecanismo de defensa generado por su inconsciente, y el segundo como un pensamiento recurrente de auto-reafirmación con idéntico protagonista.

Pero después de más de dos décadas de preocuparme por las voces sin dueño, tengo elementos de juicio suficientes para pensar que estamos ante un fenómeno complejo. Un determinado protagonismo de capas profundas de la conciencia no termina de dar explicación al fenómeno, sino que lo enmascara.

Ante la frase lapidaria de Laplace: «el rigor de las pruebas debe ser proporcional a la gravedad de las conclusiones», yo antepongo «el rigor de las contra-hipótesis debe ser proporcional a la prueba aportada».

Aun aceptando que estratos profundos de la conciencia pudieran dar explicación a la abundante casuística de comunicaciones primitivas, ¿cómo explicamos el resto de psicofonías de mayor duración, cuando además poseen la señal biométrica característica, la voz de la persona en vida?

No hace ni unos días tenía una cita con un grupo de personas con motivo de realizar unas grabaciones por distintos escenarios de la ciudad de Toledo. Como ando ciertamente atareado, apenas disponía de unos minutos para probar los equipos de grabación. Me encontraba en mi casa, quité el precinto a la cinta virgen y me dispuse a testar los equipos durante no más de seis o siete segundos. En el tercer segundo aparece una voz rotunda, incontestable: «desasosiego».

Aquella voz la he convertido en un icono de la propia experimentación psicofónica, no por su claridad, ni por su contundencia, sino porque pone el dedo en la llaga de la propia esencia del fenómeno de la transcomunicación. ¿Era una voz sobreimpresionada por mi inconsciente bajo una situación de puntual estrés, o hace alusión a una inteligencia que intencionadamente quiere retratar una situación concreta? En otras palabras, ¿era de origen natural o preternatural?

Seguramente por el contenido podría atender a cualquiera de las dos hipótesis, pero, mucho más allá de la anécdota, entronca con lo que viene sucediendo entre las distintas posturas a favor y en contra del fenómeno. Tradicionalmente, se han venido confrontando las distintas hipótesis sobre la génesis de las voces sin contemplar la posibilidad de que estas pudieran complementarse. Dicho de otro modo, en mi opinión la génesis de las voces podría no ser única.

El factor humano

La fenomenología paranormal se caracteriza por una serie de sucesos mayoritariamente subjetivos que parecen tener su epicentro en las facultades ignotas del ser humano. Esta es la razón por la que algunas voces autorizadas, como las del profesor William Tenhaeff, una de las mejores referencias del campo de la investigación, hablan de una parapsicología antropológica que estudia los fenómenos indisolublemente relacionados con la naturaleza

William Tenhaeff.

humana y una dimensión ampliada de la misma. Esto plantea un problema ya que no existe una tipificación exacta de los procesos parapsicológicos, sino una individualización de los mismos. Cada caso, cada persona, presenta matices diferenciados al intervenir una psicología del inconsciente inherente a cada individuo.

El segundo problema lo hallamos en el laboratorio, ya que las conclusiones quedan en entredicho por la utilización de técnicas de control rudimentario que no contemplan un mayor grado de aleatoriedad. Pero, aun en el caso de que estas se desarrollasen, las bases del pensamiento humano y de los mecanismos de comprensión no son algorítmicas. Esto supone que existe un elemento desconocido ligado al ser humano que le hace capaz de determinar lo impredecible entre una suma de posibilidades infinitas, lo que coloquialmente conocemos como «sexto sentido».

Con las psicofonías nos encontramos afortunadamente ante un fenómeno objetivo que tiene su incidencia estadística. El observar, por ejemplo, cómo con el paso del tiempo se incrementa el número de comunicaciones obtenidas, nos hace pensar en el protagonismo del operante.

Son pocas, muy pocas las personas que realmente programan sus grabaciones con cierta asiduidad, pues la mayoría de aficionados desisten debido a que el decrecimiento de resultados crea un efecto inhibitorio causado por la falta de gratificación (*psi-missing*). No obstante una experimentación que se lleve a cabo de manera más o menos programada tiene su recompensa.

Sobreviene otro matiz claramente diferenciador, que apunta a que el contacto se da más pronto que tarde si el experimentador tiene una opinión favorable a la existencia de fenómenos paranormales.

A través del test de Schmeidler o «test de ovejas-cabras», se constata una estadística diferenciada entre los que creen en los sucesos extraordinarios y los escépticos. En las llamadas cartas de Zener, donde el individuo debe adivinar las figuras que se esconden en ellas, existe un significativo mayor número de aciertos en el grupo de «creyentes».

Me he encontrado con personas que realizaban sus grabaciones con éxito a través de un viejo radiocasete en las peores condiciones técnicas posibles. Al sustituir el mismo por otros dispositivos mejorados tecnológicamente y llevar a cabo la experiencia en un ambiente programado, el fenómeno se retraía. Una vez les devolvía su desvencijado radiocasete y salíamos despreocupadamente al exterior, las voces volvían a aparecer con mayor fluidez.

El sujeto estaba tan convencido de que solo a través de su aparato podía comunicarse con los «espíritus» que esto por sí mismo, unido a llevar a cabo la grabación por otras manos diferentes a las suyas, producía un efecto inhibidor al trabajar en otro entorno, una barrera psicológica perfectamente tipificada en parapsicología experimental.

La telepatía

A propósito del estudio de sujetos singulares y de ciertas facultades que terminan sistematizándose, tenemos el caso del psíquico Willi Schwanholz, narrado por Curtis Fuller.[13] Este decía comunicarse con personas invisibles que le rodeaban en su cuarto de Chicago mediante una sencilla grabadora de sobremesa.

Una vez interesado por estas y otras circunstancias extrañas, el prestigioso parapsicólogo Joseph De Louise se puso en contacto con Willi, quien le relató cómo su imagen había sido filmada en una película por unos amigos de Alemania, mientras él permanecía en Chicago. En cuanto a las grabaciones en cinta, dijo obtener la voz de su hija Marion, que vivía en Berlín, advirtiéndole de hechos triviales como que no olvidara su fecha de cumpleaños.

Las grabaciones se fueron sucediendo a lo largo del tiempo, de tal forma que su hija (viva) le avisaba de peligros que iban recogiéndose en forma de mensajes sobreimpresionados en el casete. La hija, al escuchar las cintas no dudó en identificar su propia voz, y en una carta

---

[13] Fuller, Curtis. «Las fotografías psíquicas de Willi». Revista *Tenemos una Supermente*. Volumen 3. Madrid, Innap, 1980.

manifestó no comprender cómo había sucedido aquello sin que ella fuera de ningún modo consciente.

Por otra parte, Willi obtenía psicofonías espontáneas mientras permanecía frente al televisor. Eran voces de todo tipo, muchas veces de familiares, como aquella en que reconoció a su hermanastro haciendo comentarios como si se hallara presente: «tonto, el operador nunca fue a la escuela».

Si Willi no hubiera reconocido la voz de su hija ni la de su hermanastro, lo lógico es que terminara pensando que el contacto se producía con entidades espirituales.

Los espíritus, fantasmas y demás, son un antropomorfismo señalado que responde a personalizaciones de determinados procesos de la psique. Como explicaba el psicoanalista Carl Gustav Jung:

> Cuando acaece en el individuo algo psíquico, que experimenta como perteneciente a él mismo, es su propio espíritu. Pero si le acaece algo psíquico que le parece extraño, se trata de otro espíritu […] en el primer caso corresponde a una posición subjetiva; en el último […] una disposición original o primitiva […] antropoide […] se acepta el concepto de espíritu como espíritu subjetivo para designar los fenómenos endopsíquicos.

Este hecho de recibir mediante fórmulas telepáticas pensamientos de la hija que respondían a contenidos reales, nos aporta una visión innovadora sobre el origen de las psicofonías.

La teoría de la súper-percepción extrasensorial (PES) es manejada por una gran parte de investigadores como Hans Bender, y supone que algunas personas excepcionalmente pueden simultanear la telepatía y la clarividencia.

Ya en los años treinta el médium inglés Magde Dunhaue impresionaba placas no solamente con imágenes, sino con supuestos mensajes completos desde el «más allá».

En cuanto a cómo Willi plasmaba los mensajes, la hipótesis de que fuera realmente un médium físico quedó más que demostrada por la manifestación de otros muchos fenómenos concomitantes que se cernían en torno a su persona.

Por ejemplo, su imagen aparecía incomprensiblemente en filmaciones caseras de sus amigos alemanes, mientras él permanecía en Estados Unidos una vez junto a unos caballos y otra al lado de un circo cerca de Frankfurt. La facultad por la que se hizo más conocido fue la de impresionar películas fotográficas. Ted Serios fue quien introdujo a Willi Schwanholz en los secretos de la fotografía psíquica, llegando a experimentar juntos. El procedimiento era apuntar hacia uno mismo la lente de una cámara Polaroid y cubrir al mismo tiempo esa lente con un papel «gismo», el resultado era la aparición de rostros de muchachas bonitas, hombres macrocéfalos y paisajes submarinos.

Sociología del contacto

En cierta ocasión, tras aparecer en una tertulia televisiva con un psicólogo clínico y un profesor de la UCLM (Universidad de Castilla La Mancha) a propósito del mundo de las psicofonías, se puso en contacto conmigo una psicóloga, solicitándome estar presente en el transcurso de una grabación. Cuando me acompañan personas desligadas del fenómeno, procuro que sean ellas quienes operen sobre los soportes con unas breves indicaciones por mi parte. No se trata de «convencerlas», sino de «convencerse». Después de desprecintar la cinta y apenas haber registrado el encabezado con la fecha, hora y lugar, apareció una voz que exclamaba sin género de dudas: «¡fascista!»

Obviamente en estos casos me limito a ayudar a localizar la voz en presencia de mi acompañante, pues es bien cierto que por muy clara que esta sea puede presentarse enmascarada y pasar desapercibida para un oído inexperto.

Sobre la ausencia de fraude y la claridad de la voz estuvimos de acuerdo. No obstante, a pesar de la sobreimpresión de una voz plena de contenido, convinimos en que por sí misma no demuestra la intervención de una entidad autónoma. En aquel lugar se había ajusticiado de manera cruenta a multitud de personas durante la guerra civil, ciertamente, pero no existía un ánimo por establecer comunicación por parte de una hipotética entidad. Algunos hablan en este caso de «psicofonías espectro».

Esta y otras experiencias similares me hicieron replantearme un sencillo experimento «sociológico» relacionado con las voces: cuando acudo a lugares insólitos con el fin de efectuar una grabación con un grupo de acompañantes atraídos por la fenomenología paranormal y que nunca antes la habían experimentado, después de obtener una presunta inclusión cuyo contenido es dudoso, si me anticipo y afirmo con rotundidad un contenido aleatorio, el grupo de «creyentes» asiente uniformemente.

Iglesia de San Miguel de Breamo (Coruña). Donde he realizado
múltiples experiencias sociológicas de grabación colectiva.

Por el contrario, si el grupo está formado por personas indiferentes al mundo de las psicofonías o que se
pronuncian abiertamente escépticas, no aceptarán nunca
que esa voz sea otra cosa que simple ruido.

Cuando la voz que aparece es razonablemente clara,
en los «creyentes» se produce un alborozo, disparándose
lecturas de corte espiritista. Los detractores del fenómeno, en este caso, disfrazan su desconcierto con explicaciones peregrinas a pesar de haber sido protagonistas
de excepción. La lectura de todo ello indica un prejuicio
inamovible en ambos casos.

Paralelamente extraemos otra conclusión sobre este
sencillo experimento sociológico: hay un fuerte condicionamiento por parte del experimentador que dirige la
experiencia para con las personas predispuestas a creer
en el fenómeno. Condicionamiento que lógicamente no
se reproduce con quienes se manifiestan escépticos y/o
indiferentes.

Uno de los casos más conocidos por la parapsicología es lo que se conoce como «testimonio de autoridad». Es una figura jerárquica que tiende a condicionar la conducta de un grupo, volviendo al individuo más permeable para aceptar ideas en función de una cierta subordinación. Tenemos ejemplos como los del profesor Sorokin, quien, en un intervalo de una hora, dio a escuchar a unos alumnos la misma sinfonía aparentemente ofrecida como dos versiones diferenciadas. Posteriormente les invitó a opinar sobre cuál de las dos versiones era mejor, enfatizándoles que la primera era más elaborada, de tal suerte que el 96% de los alumnos creyeron que realmente se trataba de dos sinfonías diferentes y suscribieron como mejor la que sugirió Sorokin.

En una ocasión en que salimos a grabar por Toledo capital, en nuestro periplo nos detuvimos cerca de la iglesia de San Lorenzo. Al registrar el encabezado con ese nombre, se grabó una voz que pretendía identificarse con el mismo santo: «¿quién me llama?». Hubo quien, ante la claridad del mensaje, quiso otorgarle una interpretación casi mística. Me pareció una temeridad. Esto me motivó a reflexionar al respecto de lo que yo denomino «la filosofía de las comunicaciones».

En mi experiencia, la mayor parte de las voces transmiten poca o nula información sobre sí mismas. El principal problema con que nos encontramos es que no existe una «solución de continuidad» respecto de la pretendida comunicación. Es decir, si este hipotético comunicante es interpelado de nuevo, por lo general, no vuelve a responder. Desde un punto de vista empírico y etimológico, el fenómeno etiquetado como «transcomunicación» se resiente.

Pocos investigadores llegan a establecer una suerte de diálogo, es cierto, pero esto también habría que matizarlo. Esas comunicaciones están caracterizadas por un lenguaje telegráfico y particularmente críptico, ya que otorgar la categoría de «respuesta» a muchos de los mensajes es más una cuestión de fe que de objetividad.

La conversación más fluida que he mantenido a lo largo de más de veinticinco años tuvo lugar en mi casa mediante la técnica de las voces directas de radio. A pesar de los términos en que esta se produjo, el hecho de operar entre emisiones convencionales invita a la prudencia.

La experiencia fue la siguiente: En mi vieja radio a válvulas, Nordmende Fidelio, había localizado un punto donde se producía lo que llamamos «ruido blanco». Me aseguré durante no menos de treinta minutos de que no se produjera ningún tipo de interferencia. Me dispuse a preguntar. La primera voz aparece apagada pero se adivinaba el contenido: «esas voces dicen que no me compensa», salgo de mi asombro e interpelo: «¿quién eres?», en esta ocasión la voz aparece en un tono más firme, incluso puede oírse directamente a través del altavoz: «Ángel de… (preservo la identidad)». Mi sorpresa es mayúscula, no solo me da el nombre sino el apellido, no solo no me es desconocido sino que los datos concuerdan con los de un vecino mío que murió en un accidente próximo al lugar desde donde estaba experimentando. Pasan unos segundos, «aún existimos», ¡otra voz!, esta me sobrecoge como un fogonazo, y da por finalizada la «conversación» tras un golpe metálico que asemejaba al ruido de un teléfono que es colgado bruscamente.

Pasé unos días confuso, sopesé la idea de ponerme en contacto con sus familiares pero, ¿cómo transmitirles tan insólito mensaje? Decidí que era un tema delicado, difícil de enfocar; a pesar de todo me sobrevenían muchas dudas sobre la prueba de la comunicación, y pensé que tal vez pudiera remover un dolor innecesario. ¿Quizás por ello las voces decían que no merecía la pena el esfuerzo de participarme dicha comunicación?

Las experiencias

Después de tantos años me he encontrado con toda suerte de experiencias grabando en mil y un lugares inimaginables. De este cajón de sastre extraigo algunas anécdotas que a mi juicio pueden ayudar mejor a explicar el fenómeno.

En una ocasión, tras regresar infructuosamente de un monasterio de monjas en el que había enterrada una santa que parecía producir toda suerte de prodigios, decidimos parar en unas casas abandonadas de una parroquia de Lugo.

No existía una historia previa ni razón alguna que me hiciera parar allí. Elegimos al azar una de esas casas de piedra que apenas se tienen en pie y se apilan como racimos unas contra otras. Confieso que si existe una atmósfera fuera de lo normal sobreviene en este tipo de lugares, seguramente por el abandono y el frío gris que lo envuelve todo, como si una mano gélida hubiera borrado todo rastro de vida y hubiera dejado un eco desolador. Era ya casi medianoche y el escenario era sobrecogedor. Nada más entrar por la puerta pedí permiso imaginando unos hipotéticos moradores que pudieran sobresaltarse por violentar su hogar.

No me pregunten el porqué de mi actuación, solo sé que, de lo irracional y aparentemente absurdo de llevar a cabo mis experimentaciones teatralizando una ficticia normalidad, se obtienen mejores resultados.

«¿Hay alguien?», pregunté. La contestación no se hizo esperar en forma de dos respuestas casi consecutivas: «averiguadlo»... «no estamos muertos». Confieso que en aquel escenario, al revisar la grabación *in situ*, tuve que abandonar el lugar por el evidente impacto emocional de mi acompañante. No era momento de hablarle de física cuántica, de teoría de las cuerdas, etc. A veces todo es más sencillo y no veo razón para que alguien pase un mal rato con las experimentaciones.

En el monasterio de Monfero, emplazado cerca de las maravillosas fraguas del río Eume en Coruña, he tenido la oportunidad de realizar algunas grabaciones. En una de ellas, mi acompañante, en un instante dado, interrumpe la grabación y se excusa diciendo tener una fuerte jaqueca. En ese preciso segundo en el que presiono el *stop*, una voz cantarina deja su impronta: «a la chirola».

Lo que en un principio interpretamos como un mensaje jocoso o absurdo, como todas las cosas, tiene su explicación en su texto, en su contexto, o en su pretexto. Es decir, al documentarnos sobre el monasterio, supimos que existía una pequeña capilla detrás del altar mayor que respondía a ese nombre, «chirola», a ella acudían los lugareños a ofrecer rogativas para curarse de, entre otros, los dolores de cabeza.

En el mismo monasterio, está enterrado al fondo de la nave Nuño Freire de Andrade, un siniestro señor

Exvotos en el interior del monasterio de Monfero (Coruña).

feudal que se caracterizó toda su vida por la violencia y la lujuria. El caso es que a los pies de su estatua yaciente, he obtenido psicofonías, curiosamente, bajo una premisa solo: que mi acompañante sea una mujer.

Otra peculiaridad, es que estos mensajes son siempre soeces: «móntala», «poséela»… De existir una seña de identidad ligada a la personalidad que pudiera sobrevivir a la muerte, en este caso estaría manifestándose gráficamente.

No solo «hablan» los lugares y las estatuas. Tengo recogido un caso donde un objeto inanimado, concretamente un mueble antiguo, era quien parecía responder a mis preguntas. A requerimiento de una emisora de radio, donde hago colaboraciones puntuales, nos personamos en el domicilio de una persona que decía sufrir en su casa una serie de fenómenos extraños. Todos ellos se cebaban en el novio de la inquilina, quien decía sentir una atmósfera opresiva y cómo una voz ininteligible parecía dirigirse a él. La chica vivía en un piso del extra-

Estatua «yaciente» de Don Nuño «El malo», a cuyos pies se obtienen repetidas psicofonías soeces, monasterio de Monfero.

rradio de Toledo. Tras una primera toma de contacto procedimos a realizar una grabación en la habitación donde ella indicaba que se producían los sucesos. En una primera audición se identificaron dos voces que trasmitían una clara hostilidad.

Opté por restringir esa información a parte del equipo, pues eran personas del entorno de la persona afectada, y solo la compartí, en último término, con aquellas personas del equipo que no guardaban ningún tipo de vínculo con la moradora.

En una segunda grabación, se registró una voz más rotunda: «no debéis volver». Reparé entonces en un detalle revelador: las voces se registraban únicamente cuando la chica se asomaba intermitentemente desde el salón a curiosear y siempre, inequívocamente, cuando los equipos se situaban en el interior de un viejo y arrumbado armario.

Al interrogarla sobre el armario, nos comentó que lo había traído recientemente y pertenecía a su abuela fallecida. Aun sin contar con más elementos objetivos, el hecho de que solo ante la presencia del novio se produjesen los supuestos sucesos me hizo aventurar una posible hipótesis: aquel viejo mueble representaba arquetípicamente la figura de su abuela fallecida, que de estar viva, a buen seguro no vería con buenos ojos una convivencia sin pasar por el matrimonio. La chica presumiblemente interiorizó un sentimiento de culpa que proyectaba inconscientemente.

¿Cómo se dio por finalizado el asunto? Quitándole hierro. Persuadí a la chica de que no pasaba nada anormal, le hice saber que en caso contrario, debido a mi experiencia en casos similares, mis equipos lo hubieran detectado.

En definitiva, un efecto placebo que ahorrase a la chica una innecesaria ansiedad y un carrusel de visitas de toda una cohorte de personajes de la fauna «paranormal».

En cierta ocasión acudí al santuario del Corpiño (cerca de Lalín, en Pontevedra), donde se llevan a cabo puntuales rituales de exorcismo. Me acompañaba un amigo oficial de la Armada en activo. Cuando terminó la misa y todo el mundo había abandonado el interior de la iglesia, decidimos departir con el sacerdote. Este, amablemente, propuso hacernos un ritual de «limpieza» con la reliquia del lugar. Discretamente, yo mantenía oculta una grabadora que monitorizaba en todo momento tanto la conversación como el ritual.

Una vez abandonada la iglesia, al revisar la grabación, no se apreciaba nada extraordinario, hasta llegar al instante donde el sacerdote hace una pausa en su pintoresca letanía para contarnos que: «allá afuera he sacado un demonio a una chica… su familia no cree». Justo en ese punto se suceden multitud de voces lastimeras y

Iglesia del Corpiño (Pontevedra). En sus paredes se observan las
cruces que los parroquianos van dejando cada vez que una persona
es «librada» de los malos espíritus.

quejidos angustiosos (el interior de la iglesia permanecía en un reverencial silencio).

No deja de ser descorazonador cómo funciona este contradictorio fenómeno. Uno supone que ciertos escenarios deberían ser más proclives al contacto, incluso nuestro ánimo y predisposición parecen más propicios, y de repente, en un hostal de nueva construcción, en la soledad de una fría e impersonal habitación, cuando ambos departimos sobre cosas que en nada se relacionan con la experiencia previa, el contacto surge en su mayor esplendor como por arte de magia.

En otra ocasión, acompañado de la misma persona, realizamos una grabación en un hospital abandonado. Conseguimos algunas pequeñas anomalías poco reseñables, pero lo verdaderamente llamativo fue cuando, al regresar al solitario hostal de carretera donde nos hospedábamos, quise aprovechar los pocos minutos de cinta que quedaban sin grabar. Lo que se registró fue una frase que en el tono característico de las psicofonías sentenciaba: «pronto nos veremos». La voz era tan clara que podía llevar a pensar en un hipotético ser dirigiéndose directamente, sin vacilar, al micrófono.

Curiosamente, la última voz que tengo en el archivo se ha producido vía telefónica y guarda relación con aquella, se grabó este verano durante mi ausencia en el contestador. Dicha voz ha sido analizada por tres diferentes experimentadores y han coincidido en el contenido de la misma: «vas a morir». Ciertamente, algún día habré de hacerlo.

A veces «los comunicantes», contrariamente, gustan de nuestra compañía. En el escenario del mirador de Ancos, me encontraba realizando una grabación con un

Hospital abandonado de tuberculosos de Cesures (Coruña).

grupo de ex compañeros oficiales y suboficiales de la Armada. Únicamente, en el momento de irnos, aparece una voz que en tono de súplica y pese a no haberse registrado un solo mensaje previo, parece rogarnos desesperadamente que no nos vayamos: «quédense». Esta voz fue muy clara y sin dificultad interpretada por los allí presentes; lo absurdo es que de querer buscar una coherencia al sentido de la comunicación, este comunicante sugería estar anclado al lugar físico de la experiencia. Este tipo de voces son las que el profesor Sinesio califica de «voces in situ», ya que aparentan estar vinculadas a un escenario concreto.

Por supuesto, no todas las voces ni todas las experiencias son de naturaleza negativa. Solo he querido prevenir, a modo de ejemplo, de lo que puede encontrarse cualquiera que quiera iniciarse en su práctica. Definitivamente esta es una experiencia que, aun creyéndose uno preparado y concienciado para iniciarse en su práctica, una vez se produce el contacto desconcierta al más pintado. Tengo un amigo que, en el momento de escribir este libro, es diputado en el Congreso. Ambos perdimos a otro amigo común. En cierta ocasión registré una voz accidental que parecía recordar a la de esa persona desaparecida, incluso se dirigía a mí, no por mi nombre, sino por un apodo tan solo conocido por nuestro grupo de amigos. Cuando le hice oír esa voz a mi amigo el diputado, entre confuso y nervioso, no dudó ni un momento en identificarla, y seguidamente sentenció: «es imposible»; nunca más quiso hacerse preguntas al respecto ni saber nada de este particular.

El recuerdo acaso más entrañable que guardo fue en el interior de la Catedral de Santiago, junto a mi pequeña hija de tres años. Grabadora en mano, en una hora de poca afluencia y en un rincón apartado, sin atender a razón alguna mi hija me dice: «papá… me han tocado la cabeza». Detuve la grabación intuyendo que aquello podría —¿por qué no?— haberse sincronizado con el momento de una inclusión. Estaba en lo cierto: ese instante coincidía con el registro de una de las voces más bellas y evocadoras que he obtenido en mi vida: «soy tu ángel». De cómo mi hija pudo recibir ese «roce», obviamente, no puedo dar una explicación. Ni mucho menos pensar en una fabulación o juego pues no era ese el contexto y cuando se refirió a que alguien le había tocado la cabeza lo dijo con la espontaneidad de una niña.

Paralelamente a mis muchas sesiones de grabación, he observado una serie de hechos que no pretendo etiquetar como concomitantes al considerarlos como fenómenos subjetivos. Entre ellos he tenido la oportunidad de presenciar fenómenos de aportación, como la visión de una paloma degollada; he sido testigo de cómo los resortes manuales de un automóvil se cerraban a la vez; he visto, hace años, en la Hospedería del Valle de los Caídos, precipitarse sobre mi frente esferas de luz que descendían desde el techo para súbitamente desaparecer.

La historia del misterio tiene muchos episodios que hablan de un extraño perro negro. Durante un tiempo en la iglesia de Santa María de Melque coincidíamos curiosamente con un perro negro cuya presencia ya era de por sí inquietante. Se acostumbró a nuestra esporádica presencia y ganándonos su confianza logramos que solo una vez penetrara en el interior de la iglesia abandonada. Eso sí, lo hizo de una manera muy particular, reptando, demostrando un temor que no comprendíamos. Asimismo, asistía como testigo a nuestras grabaciones, dormitando indiferente sobre las tumbas antropomórficas que rodeaban el lugar, hasta que un día, llevado por mi curiosidad, quise observar su reacción al escuchar una psicofonía obtenida allí mismo. Su cuerpo pareció electrizarse, y salió despavorido. Seguramente tuvo que haber otras razones, pero el caso es que no volvimos a saber del perro.

He conocido en mi particular singladura personajes curiosos, como un viejo párroco de aldea con el que trabé amistad. Este podía calificarse de «visionario», ya que desde niño recibía informaciones a través de lo que el describía como «una escena de película que, fugaz y repentinamente, aparecía y desaparecía a mis ojos».

Me relataba cómo algún parroquiano suyo, que nunca había asistido a misa, sorprendentemente e impelido por una extraña razón, asiste al oficio el mismo día

Interior de la iglesia de Santa María de Melque.

que fallece de forma repentina. Lo curioso es que nunca le había hablado de mis experimentaciones y de mi afición a las psicofonías. Un día, mientras paseábamos, le pregunte qué opinaba de esas visiones, se volvió hacia mí, sonrió, y empleando la peculiar ironía gallega me espetó: «¿y tú, qué opinas de las psicofonías?».

A través de personas como él, capaces de visionar lo que a nosotros se nos escapa, he recogido historias que me narraban cómo algunas personas, después de fallecer, seguían dedicándose a sus labores con absoluta naturalidad. Me describían cómo fulanito de tal seguía fumando en el pórtico de su casa o cómo menganito repetía uno y otro día los mismos hábitos que adquirió en vida. De nuevo, en lo concerniente a estos temas aparece el teatro de lo absurdo. Me contaban a modo de curiosidad cómo, contrariamente a lo que uno se imagina, la gente al morir no entra repentinamente en un estado de iluminación, sino que sigue conservando su personal idiosincrasia y eso explica el que algunas personas inclinadas al mal traten de seguir apegados a sus servidumbres mundanas, tratando de influir y predisponer a los vivos hacia sus mismos vicios.

Hace tiempo fui invitado a un estudio de radio. La persona que oficiaba de «vidente», a la que no conocía de nada, al estrecharme la mano se sintió indispuesta. Habló de voces de niños, hizo referencia a un monje vestido de negro y me refirió detalles concretos de algunas de mis grabaciones en un castillo templario. No puedo poner la mano en el fuego si se había procurado información ya publicada en mi web y trataba de impresionarme. El caso es que ese día excusó su presencia en el programa al sentirse repentinamente indispuesta.

Tengo que confesar que no pongo en duda la existencia del fenómeno de la clarividencia. Mi abuela paterna, a pesar de que apenas sabía leer y escribir, tenía la facultad de hablar y escribir en lenguas desconocidas, lo que se viene a conocer como xenoglosia y xenografía. Generalmente empleaba una variante del árabe particularmente sofisticado. Muchas personas de cierta relevancia asistían a sus sesiones, como el obispo auxiliar de Toledo, amigo íntimo de mi abuelo, quien se mostraba muy interesado en las notas manuscritas con extraños caracteres y dibujos que mi abuela, de manera inconsciente, iba realizando.

No deja de ser llamativo que mi abuela, a través de sus trances, transmitiera muchas informaciones relacionadas con los judíos y los árabes de la propia ciudad de Toledo. El contenido de las anotaciones solían ser suras del Corán, pasajes religiosos y, excepcionalmente, señalaban emplazamientos donde podían estar albergados determinados vestigios vinculados a las distintas comunidades. En alguna ocasión llegó a mencionar objetos importantes del tesoro de Salomón. A título anecdótico referiré que a este obispo se le concedió la medalla al mérito de Bellas Artes por su extraordinaria labor de reunificar la riqueza artística esparcida por los diferentes templos de una determinada provincia española. Lo cual no quiere decir, en modo alguno, que estos hechos estén relacionados.

La noche de las psicofonías

La llamada «La noche de las psicofonías» es una singular iniciativa que se ha consolidado como un clásico en la parilla de El último peldaño (Onda Regional de Murcia), el mítico programa conducido por Joaquín Abenza. En el año 2009 tuvo lugar su tercera edición. La mecánica de esta propuesta innovadora es realizar una experiencia de grabación conjunta entre diferentes grupos de investigación psicofónica repartidos por distintas localizaciones de la geografía nacional e internacional.

Esta propuesta, que crece cada año en cuanto a número de participantes, se ha convertido en un nexo de unión entre los aficionados e investigadores del fenómeno y surgió al hilo de un artículo propio aparecido en la revista *Estigia*, órgano difusor del CIFE (Centro de Investigación de Fenómenos Extraños), titulado «Teoría de sincronización y fuerzas». En este, exponía la posibilidad de que esa íntima relación hombre-máquina estaría condicionada por una interrelación de fuerzas que necesariamente deberían sincronizarse en el momento de la inclusión. Estaríamos hablando de una posible ecuación donde obrase la gravedad, el electromagnetismo y la actividad psíquica.

Es un hecho que utilizar el cerebro para cualquier actividad separa determinadas histonas del ADN, de modo que los genes «ociosos» son reutilizados para la maquinaria cerebral, lo que conlleva a la formación de nuevas sinapsis. El neurólogo Lawrence Katz proponía ejercicios mentales que implicaban el uso de rutas neuronales diferentes de las habituales, como experimentar un entorno sin sonidos. Todo ello nos indica que nuestro cerebro es capaz de generar nuevas habilidades que pueden desarrollarse como un sistema de recompensas.

Aristóteles dice: «Somos lo que hacemos repetidamente». Según los últimos estudios relacionados con el cerebro, efectuados por el neurólogo Bartzokis, la práctica repetitiva de una tarea estimula a un aislador celular conocido como «mielina» que incide en el desarrollo de nuevas habilidades.

¿Qué sucedería si en diferentes espacios y de manera sincronizada un colectivo investigador se fijase el propósito de experimentar?

¿Podríamos encontrar algún patrón que nos reportase informaciones adicionales?

Bajo estas dos premisas se inició el evento.

Fue particularmente llamativa la experimentación llevada a cabo por el equipo del Canal 7 dirigido por Antonio Pérez, quien registró un buen número de psicofonías, entre las más llamativas, la de una niña que recita la tabla de multiplicar: «uno por uno es uno…».

Respecto de mi propia experiencia, me desplacé junto a un grupo de voluntarios y un fotógrafo de la

Interior del castillo templario de Montalbán (Toledo), donde son singularmente habituales las psicofonías del tipo pregunta-respuesta.

revista toledana *Ecos* al conocido como «cerro del Bu», lugar de asentamiento en Toledo capital del primer grupo humano conocido. La experimentación transcurre en riguroso directo, y fue un requisito para mis acompañantes el que no tuvieran una opinión prejuzgada sobre el fenómeno, ni a favor, ni en contra.

Llegado el minuto diez de la grabación y atendiendo a la pregunta por mí formulada de «¿podéis darnos una pauta para mejorar futuros contactos?», surge una voz que no cuesta reconocer: «no es posible».

Observo la reacción del grupo, y tras el habitual desconcierto y sorpresa, ellos mismos animan a proseguir la grabación con contenida emoción.

Han sido testigos en primera persona de que no caben interpretaciones peregrinas sobre lo sucedido. Sus iniciales suspicacias se disipan ante una voz clara que, además, responde con coherencia a la pregunta; nada que ver, según ellos, con las psicofonías que habían oído hasta entonces.

Como tengo por costumbre y continuando con la emisión de La noche de las psicofonías, presento a la audiencia el documento sonoro en su contexto íntegro, sin omitir nada ni situar cronológicamente al oyente con explicaciones innecesarias. Es decir, la psicofonía es escuchada desde el enunciado de la pregunta hasta la posterior respuesta, de este modo no hay lugar para la retórica, la grabación habla por sí sola.

El tipo de psicofonía pregunta–respuesta, tan inusual por otra parte, es para mí lo más sugerente que ofrecen las voces paranormales, ya que conlleva, en sí misma, el principal objetivo que nos proponemos con la experimentación: transcomunicar interactivamente en tiempo presente.

Cualquier otro tipo de psicofonía se empequeñece al vernos obligados a acudir a elucubraciones e interpretaciones subjetivas sobre el hipotético contenido del mensaje.

El hecho de que, en cada edición, la calidad de las inclusiones sea significativamente mayor nos aporta un dato útil: La constatación de que un cierto tesón, a la hora de realizar las grabaciones, reinvierte en un buen número de ellas. Se manifiesta que, de manera análoga a las grabaciones individuales y en torno a las experiencias conjuntas programadas, también se sincronizan fuerzas y campos desconocidos.

El eminente físico experimental austriaco Anton Zeilinger[14] concluye que, cuando en física quántica investigas una partícula elemental como el electrón, su

---

[14] Inma Sanchís. Contraportada del diario *La Vanguardia*. 12 de noviembre de 2008. Entrevista a Alan Wallace, fundador y presidente del Instituto de Estudios de la Conciencia.

naturaleza está vacía. Sorprendentemente basa su existencia en relación al sistema de medición y al observador, es decir, que contempla la posibilidad de que el ser humano pueda llegar a perturbar cualquier sistema. De nuevo el factor humano.

EXTRAÑAS PATOLOGÍAS Y CURIOSIDADES ASOCIADAS A LA PERSONALIDAD Y AL LENGUAJE

El sonido cabalga sobre la energía acústica a través del aire. Cuando llega al órgano de Corti, que es el transductor del oído, lo hace sobre potenciales eléctricos a semejanza de como lo hacen los teléfonos. En definitiva, el mensaje permanece inmutable a pesar de pasar de un medio a otro. El sonido se disocia o bifurca en dos, estimulando directamente el área acústica y, a su vez, activando el sistema reticular ascendente, «despertando» el cerebro, de tal suerte que, si esto no se produce, no se tiene conciencia de él.

El fenómeno de la clariaudiencia (escuchar voces premonitorias), contrariamente a la parafonolalia (escuchar voces en el ambiente de origen incierto), no necesita ser promovido por un sonido real en el ambiente de mecánica vibratoria propagado por el aire (onda de presión), sino que alternativamente parece situarse en el órgano de Corti, y tendría su origen en una estimulación eléctrica o bioquímica que directamente afectase al lóbulo temporal.

Mediante la estimulación eléctrica con una carga de cinco miliamperios sobre la amígdala de una voluntaria se produjo un cambio emocional brusco, con inclinaciones violentas, acompañado de una modificación del tono e intensidad de la voz. Reduciendo la carga a cuatro miliamperios, el carácter cambia radicalmente. Como vemos, las escisiones de la personalidad adoptan características vocales independientes del sujeto consciente y además nuestra conducta se ve afectada.

Con el nombre de prosopopesis, se define un cuadro psicógeno que se explica por el cambio espontáneo y visceral de la personalidad del individuo hacia otro «yo alternante». En la obra de William Howit, encontramos el caso de una adolescente, fechado en 1839, con un cuadro de neurosis histérica que bloqueaba las funciones visuales y auditivas, hasta tal punto que su familia la consideraba sordomuda. En esa época eran frecuentes las terapias de sangrías y vejigatorios, que en muchos casos agravaban las dolencias. Cierto día en que el médico, el ayudante y las enfermeras recomendaron un nuevo emplaste vesicante, se escucharon unos golpes fortísimos en el momento en el que se aplicaba a la niña la cataplasma. Del ambiente surgió una voz que recomendaba dejar obrar a la naturaleza. En días posteriores la voz desconocida continuó emitiendo consejos clínicos ante una concurrencia sorprendida, de tal forma que a los ocho meses la niña recuperó la normalidad.

Otras disfuncionalidades poco conocidas relacionadas con las voces son los llamados «tic fónicos», que entre otros muchos padeció Napoleón. El neurólogo francés George Gille de la Tourette los bautizó como «síndrome de Tourette». Son emisiones nerviosas involuntarias de sonidos que cuando son simples se asemejan a gruñidos, ladridos, siseos, silbidos, pero que cuando son complejos afectan al lenguaje, subdividiéndose en:

palilalia, repetición de sílabas o palabras completas; ecolalia, repetición de palabras que acaba de pronunciar otra persona, a modo de eco; y coprolalia, repetición de palabras obscenas.

La hemeroteca refiere casos extrañísimos, como el de un operario metalúrgico que captaba señales radioeléctricas a través de su oído. El azar había dispuesto que una mezcla determinada de partículas metálicas quedara en su interior produciéndole el «efecto diodo».

Josep Pujol, nacido en Marsella en 1857, modulaba canciones de la época en el Moulin Rouge de París, controlaba prodigiosamente los movimientos peristálticos del intestino, e imitaba toda clase de ruidos.

Respecto a las «ilusiones fónicas», he tenido la oportunidad de escuchar lo que parecían «voces humanas» aparentemente estremecedoras, obtenidas en los sótanos y en los garajes de una vivienda. Pero sencillamente eran producto de las conducciones de agua y de la caprichosa acción del viento sobre las rejillas de ventilación.

En muchos lugares, a lo largo y ancho del mundo, se producen estas ilusiones y la imaginería popular las ha elevado al terreno de lo legendario. Así en Tebas, tenemos las famosas estatuas de Memnón, de las que al salir el Sol, según los nativos, afloran melodías. En la península de Sinaí en Gebel-Nagus, los geólogos estudiaron dunas que producían sollozos al desplazarse, algunas veces de tal intensidad que los beduinos se cuidaban mucho de transitar por sus alrededores. En Singen (Turquía), existe una cadena montañosa que al llover parece emitir cánticos armoniosos; y en otros casos, como el de las montañas de Bramador en Chile, imitan el repicar de campanas.

Asimismo, en la naturaleza tenemos ciertas rarezas como los fonolitos,[15] unas extrañas rocas que emiten durante las horas vespertinas agudos chillidos. Otra rareza del mundo vegetal es el fenómeno de la parafitofonía, producido por algunos tipos de plantas. Es una señal acústica de peligro en forma de aullidos que, debidamente amplificada, puede asemejarse a voces humanas.

---

[15] José Luis Jordán Peña. *La nueva parapsicología: parafísica acústica; parafonía y psicofonía.* Editorial Noguer, 1981.

5

TÉCNICAS PARA
LA PRÁCTICA PSICOFÓNICA

Sobre el equipo

Para empezar nos serviremos de un sencillo grabador analógico o digital (que sea de la mayor calidad que podamos permitirnos, pero sin excesos), un micrófono externo y un cuaderno de campo. El resto del equipo podemos ir incorporándolo después, según vaya aumentando nuestra curiosidad. En algunos lugares, en función de la resonancia, podremos servirnos de una caja sorda construida artesanalmente con madera y forrada con lana de vidrio y corcho.

No obstante, lo ideal sería disponer también de un ordenador portátil. Creo que, aparte de ir bien pertrechados de linternas y baterías de repuesto, no necesitamos más equipo para iniciarnos en esta práctica.

Sobre las cintas de casete

Que sean vírgenes. Nunca reutilizarlas, pues el borrado deja mucho que desear. Duración, la menor posible (cuarenta y cinco minutos) para no forzar demasiado el mecanismo de arrastre. Las cintas de mayor duración están confeccionadas de un material más delgado y por lo tanto más expuestas a estiramientos, deformaciones y contaminaciones.

Las cintas de hierro o cromo tienden a oxidarse con el paso del tiempo y emiten algunas pequeñas distorsiones en su arrastre.

Sobre los micrófonos

Los más recomendables son los de condensador, ya que son los de mayor calidad en cuanto a respuesta de frecuencia y distorsión, pero tienen el inconveniente de necesitar una fuente de alimentación.

Son preferibles los micrófonos de baja impedancia, que son los que funcionan con equipos de alta calidad.

La distorsión aumenta con la presión sonora que se aplica a la membrana del micrófono.

Cualquier alambre conductor recibe señales generadas por el ruido ambiente provocadas por campos eléctricos o magnéticos. Estas señales se suman a la señal del propio micrófono por lo que es conveniente operar con cables blindados de doble conductor.

Para probar la calidad, hay que desconectar el micrófono y dejar conectado el cable al amplificador. Se suben todos los controles (volumen y tono) y se verifica

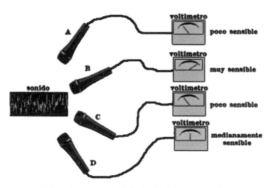

Test de sensibilidad de los micrófonos.
Esquema cedido por Iván Hitar.

que el amplificador no muestre oscilaciones de alta frecuencia (zumbidos o ruidos al mover el cable).

En lugares donde existan señales de radiofrecuencia fuerte que puedan afectar al amplificador, es recomendable usar un transformador de línea balanceada o equilibrada.

Sobre las grabadoras

Los formatos más utilizados son el de casetes, de carrete a carrete y el de tipo digital, sistema R-DAT y minidisco. Sistemas más actualizados utilizan un disquete o un CD.

Existen varias características que deben ser tomadas en cuenta al comprar una grabadora:

1. Respuesta en frecuencia. La respuesta en frecuencia o gama de frecuencia de una grabadora se

Grabadora DAT (Digital Audio Tape) utilizada por el autor.
Obsérvese cómo, a pesar de grabar en formato digital,
el dispositivo es una cinta de casete.

expresa en términos del rango de frecuencias, la referencia estándar va de 20 a 20.000 Hz. Para una grabadora de alta calidad hablamos de 30 a 18.000 Hz + 2 dB.

2. Distorsión. La distorsión característica de una grabadora de cinta viene dada por una afectación armónica y una afectación intermodular. La distorsión armónica es la cantidad de contenido no válido que la grabadora añade a la señal original captada. La distorsión de intermodulación resulta de la interacción de dos frecuencias simultáneamente captadas por la grabadora.

3. Vibración o *flutter*. Estos términos se refieren a las variaciones en la velocidad de una cinta y resultan de una desviación en la frecuencia de la señal durante la reproducción.

4. Relación señal/ruido. Es la razón o proporción de la intensidad o nivel de la señal aplicada a la grabadora, confrontada a la intensidad o nivel del siseo del circuito electrónico de la propia grabadora, sumada a la contribución del siseo de la cinta usada.

Diferencias entre grabadoras analógicas y digitales

El sistema analógico se refiere a una señal eléctrica que resulta de los cambios de presión sobre el sonido y que es convertido en energía eléctrica. El sistema digital se refiere a una variación en el nivel de presión del sonido, pero representado por números traducidos a pulsos. La extensión de la dinámica acústica para el sistema digital es del orden de 90 dB, y 60 dB para el analógico, cubriendo un muestreo periódico en forma de onda discontinua.

Todas las grabadoras que tengan una calidad aceptable están equipadas con algún sistema de medición que permite al investigador monitorear la intensidad de las señales registradas. Cualquier tipo de grabadora, independientemente de su formato, tiene un control medidor de unidad de volumen (VU). Otras grabadoras tienen un indicador de picos, o tienen ambos medidores. Otras grabadoras presentan LEDs, indicadores de picos cuya luz puede ser de color verde o rojo.

MÉTODOS DE GRABACIÓN

1. A la hora de experimentar con ciertas garantías del control de la grabación, deberíamos observar las siguientes cautelas: Revisión del estado óptimo del circuito electrónico amplificador.

2. Alimentación autónoma y blindaje del equipo.

3. Grabación en un medio anecoico.

Los medios que influyen en la señal son: el micrófono, la grabadora, la banda magnética y la velocidad de la grabación. Otras afectaciones ambientales son los ruidos, las reverberaciones, la frecuencia de muestreo (número de muestras consideradas en la unidad de tiempo) y la calidad de los transformadores.

En voces microfónicas obtenidas en grabación ambiente se aconseja muestrear a 48 kHz y 24 bit. Para señales débiles a 192 kHz.

Para no demorarnos en pausas en las que no sabemos qué preguntar, llevaremos un cuestionario previo, que será utilizado por una persona encargada de llevar el cuaderno de campo e irá anotando todos los ruidos ambiente, al mismo tiempo que los sincroniza con el número de cuentavueltas de la cinta. Por supuesto, es imprescindible guardar silencio durante la grabación. El anotador debe indicar gestualmente cuándo hay que accionar *pause* y, si en algún momento se hace necesario hablar, conviene hacerlo en tono alto.

Proceso de grabación

1. Depositamos la grabadora sobre un elemento elástico, y alimentada por una fuente autónoma, es decir, baterías, pilas o cualquier otra que no sea la red doméstica.

2. Conectamos el micrófono externo (preferiblemente el cable y la carcasa apantallados y puestos a tierra) alejándolo convenientemente de la grabadora. Es preferible que el micrófono lleve una peana; si no es así, lo depositaremos sobre una superficie acolchada, la

cápsula estará dirigida de forma opuesta al mismo. Realizamos una pequeña prueba de grabación.

Ejecutamos por este orden (*Pause/Rec/Play*) para que la cinta no avance y genere un pequeño chasquido. Fijamos un volumen medio-alto en la grabadora.

3. Soltamos *pause*, dejamos pasar cinco segundos antes de hablar, y encabezamos la grabación indicando el nombre de los presentes, lugar, fecha y hora.

4. Hacemos preguntas durante no más de dos minutos. Tono alto y firme, para evitar carraspeos, murmullos…

5. Podemos revisar la grabación para interactuar con la posible respuesta o hacer una grabación corrida y hacerlo posteriormente en laboratorio. En el caso de localizar un registro, cada uno de los presentes apuntaremos nuestra interpretación por separado.

Podemos incorporar métodos suplementarios a la grabación, como el uso de portadoras. Básicamente las portadoras son aportaciones de un ruido caótico o uniforme mediante una herramienta complementaria (generador, etc.,). Para personas no familiarizadas con el fenómeno no lo estimo necesario, pues les pueden confundir innecesariamente.

No obstante, a título meramente informativo, existen dos tipos de portadoras, las puras y las de batido: Las portadoras puras son ruidos con una frecuencia definida, podemos grabar una cinta, por ejemplo, con los programas generadores de frecuencias que he recomendado, la reproducimos en un soporte emisor, bien a sonido ambiente con salida por un amplificador, bien

Grabadora con cinta de portadora

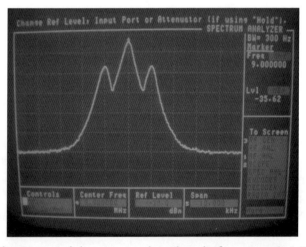

Esquema de funcionamiento de una portadora.
Imagen cedida por Iván Hitar.

Análisis espectral de una portadora de radiofrecuencia (9 MHz),
modulada en amplitud por una señal de audiofrecuencia (1 kHz).
Se observa la portadora fundamental en el centro y las dos bandas
laterales. Fotografía y análisis cedidos por César Pachón.

conectándolo directamente a la entrada supletoria de línea de la grabadora (cuando disponga de ella).

Las portadoras de batido reproducen ruidos naturales (cascadas, cánticos…) y comprenden un mayor espectro de frecuencias.

SOFTWARE

Como ya hemos dicho, para iniciarse en la práctica psicofónica, el aparato imprescindible es la grabadora. Pero para el análisis de los registros, sin duda alguna el elemento indispensable es el ordenador. Cualquiera de los actuales tiene las prestaciones que necesitamos, pues nos permite realizar las grabaciones, procesarlas y almacenarlas. Es recomendable una tarjeta de sonido de calidad media, un micrófono de uso medio y un programa editor de sonidos (indispensable). En cuanto a los editores, podemos hallarlos en la red gratuitos o muy económicos, si bien otros más avanzados requieren un nada desdeñable desembolso económico. Relaciono a modo de guía los que yo uso:

EVP Marker (gratuito, diseñado para grabación psicofónica, no edita sonido).

Adobe Audition (anteriormente Cool Edit, muy versátil).

Sound Forge (excelente).

Audacity (gratuito y suficiente para que cualquier aficionado se inicie).

Acustica. Es el que utilizo principalmente.

Goldwave. Lo utilizo para acotar y suprimir los valores de la frecuencia portadora.

Programas que podemos utilizar como portadora recomiendo básicamente dos, por ser sencillos de manejar y de carácter gratuito:

Frecuency Generator 2.6. Hace las veces de un generador de funciones.

EVP Assistant. Diseñado por investigadores TCI y generador de ruido blanco, marrón, rosa, cascada y Spiricom.

También contamos con programas de apoyo relacionados con la fonética o el reconocimiento de voz como:

Batvox (avanzado, de uso profesional, utilizado mucho por la policía).

Praat (gratuito, pero en inglés y requiere muchos conocimientos de fonética).

Estudio de la voz

Para el estudio de la voz deberíamos tener en cuenta dos cosas:

Existe un umbral fijo de audición dependiente de la frecuencia, por debajo del cual el oído es incapaz de percibir sonidos.

Existe un umbral variable producido por un efecto de enmascaramiento. Las voces psicofónicas suelen etiquetarse técnicamente como «dubitadas» (dudosas).

Estas voces se denominan así porque suelen proceder de «grabaciones o regrabaciones» en soportes que sistemáticamente mutilan muchos armónicos y matices característicos de cada timbre particular, lo que dificulta extremadamente su análisis.

Paralelamente, sería interesante plantearse un estudio fonético sobre dos aspectos:

Caracterización del «hablante»: para determinar por ejemplo si una voz, supuestamente de un español del siglo XV o XVI, pronuncia como un hablante de finales del XX.

Identificación del «hablante»: intentar localizar rasgos fonéticos semejantes entre distintos «hablantes». ¿Qué pasaría, por ejemplo, si todas las psicofonías obtenidas por una determinada persona compartieran algunos rasgos articulatorios?

Algunas indicaciones importantes que nos revelan la naturaleza ordinaria o no de una voz grabada serían:

Comprobar presencia de FO (frecuencia fundamental).

Presencia de cuerdas vocales, mediante un análisis sonoro–gráfico.

Presencia y constitución de formantes.

Comparar los parámetros anteriores con una base de datos poblacional y observar sus desviaciones.

Nunca olvidaremos que con nuestras herramientas domésticas es muy difícil determinar al cien por cien el origen de una voz, ya que se necesita trabajar sobre una locución verbal de una duración mínima de diez segundos (ya de por sí excepcional), con buena calidad señal/ruido menor de ¾ dB y comprender al menos quince vocales.

Digitalización de psicofonías, proceso y archivo

¿Cómo pasar las grabaciones de cinta casete a ordenador?

Localizamos, por medio del cuentavueltas, el momento preciso de la inclusión en el soporte donde la hemos logrado. Activamos *pause*.

Conectamos con un mini-jack desde la salida de auriculares de la grabadora o soporte a la entrada de línea de la tarjeta de sonido del ordenador.

Con cualquiera de los programas que he comentado anteriormente ejecutamos el icono rojo «grabar» o «REC» y soltamos *pause* de la grabadora. También podemos hacerlo a través de la grabadora de sonidos que viene de serie con Windows (Inicio/programas/accesorios/entretenimiento/grabadora de sonidos).

Una vez digitalizadas las psicofonías para su proceso, atenderemos a la versatilidad que nos ofrece cada editor de sonido, pero las funciones básicas que vamos a utilizar generalmente son:

-*Loop* o repeticiones consecutivas.

-Inversión del sentido de la reproducción.

-Reducción de ruido de fondo (*noise reduction*).

-Deceleración o aceleración de la voz.

-Amplificación de niveles sonoros.

-Ecualización (por norma general, las psicofonías se oyen en medios y se atenúan los graves).

-Filtración y depuración (especialmente cuando se trabaja con portadoras puras que inyectan una frecuencia determinada y estos filtros ayudan a separar la voz de la onda portadora).

¿Cómo se suprime la onda portadora?

Cada portadora emite un aporte de una frecuencia con unos parámetros preestablecidos, pongamos por caso 700 Hz. Existe una función en el programa informático (Efectos/filtros/band-pass) con la que se puede acotar el intervalo de la frecuencia, en este caso entre 650 y 750 Hz, de tal modo que se anula el ruido de fondo y la voz queda más clara y al mismo tiempo sabemos qué frecuencia es más afortunada que la otra.

Como referencia, podemos decir que la frecuencia de una voz paranormal está entre los 500 y los 1400 Hz, cuando una frecuencia normal de la voz humana se sitúa entre los 70 y los 1200 Hz. Si añadimos los armónicos y la frecuencia fundamental podemos llegar a los 5000 Hz. Los armónicos determinan el timbre de la voz.

Una de las funciones más interesantes de los editores es la de *noise reduction*. En resumen, se trata de señalar con el ratón un tramo del documento sonoro donde no haya voz, el editor toma como referencia ese valor del muestreo y lo resta de la totalidad de la señal, con lo cual la voz suele quedar más presentable.

Una vez procesada la voz, la enviaremos a distintas personas como indiqué en el primer capítulo bajo la etiqueta de «muestreo uno, dos...», para intentar dilucidar el contenido. Luego procedemos a almacenar el registro en una carpeta, como hacemos con cualquier otro documento.

Es recomendable que cada grabación vaya acompañada de una sencilla ficha técnica, con una breve síntesis explicativa de las condiciones de su registro: Nombre de los presentes, fecha, equipos, lugar. Nunca hay que deshacerse del soporte analógico de la grabación (bobina, casete, micro casete…).

Cómo es el método
de la transradiocomunicación

Cuando experimento con voces directas de radio, suelo emplear un sistema de grabación especializado, denominado Tiroson, que inicialmente estaba diseñado para sofrología e hipnosis y que, debido a las características que ofrece, he reutilizado convenientemente para esta práctica. En síntesis, reproduce fielmente la dinámica de la voz humana, evitando la distorsión producida por las frecuencias altas y potenciando las armónicas.

El sistema más sencillo es:

Colocar el micrófono de la grabadora a unos quince centímetros del altavoz del receptor de radio. Estirar al máximo el cable del micrófono unido a la grabadora.

Sintonizar la radio en un punto intermedio entre dos emisoras buscando el famoso ruido blanco (es muy fácil de identificar pues simplemente se produce un soplido). Nos aseguramos de que durante no menos de veinte minutos permanezca inalterable y olvidamos (si podemos elegir) la red eléctrica doméstica y alimentamos la radio con baterías.

Se inicia un cuestionario preestablecido preguntando concisa y telegráficamente. Dejamos un espacio, entre preguntas, de quince a treinta segundos. Si los comunicantes contestan por el altavoz de la radio se recomienda dar continuidad a la contestación en

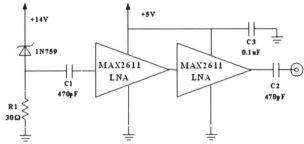

El ruido blanco generado por el «efecto avalancha» del diodo Zener Z1 es inyectado al primer amplificador LNA-1 *(low noise amplifier)* y de nuevo amplificado por LNA-2, entregándolo a la salida (RF out). C1, C2 y C4 impiden el paso de la componente continua. Y C3 filtra la alimentación de los amplificadores.
Circuito y descripción cedidos por César Pachón.

función del contenido del mensaje y olvidarnos del cuestionario.

No grabar más de treinta minutos completos (podemos hacerlo de diez en diez minutos al principio). Nunca sobrepasar ese límite diario, pues a buen seguro lo haremos en perjuicio de la concentración necesaria.

Para revisar la grabación, podemos hacerlo por la entrada de línea al ordenador y capturar la misma con un programa editor de sonido que nos permite observar en tiempo real las oscilaciones (picos) que pueden sugerir una voz. Si no tenemos ordenador, recomiendo procurarnos unos auriculares de la mejor calidad posible.

Existe un pero y es que el ruido blanco puede ser interferido por cualquier ruido o modulación que afecte a las frecuencias de radio. Respecto a la frecuencia del dial, cada experimentador hablará de la que mejor le resulte y, en todo caso, no existe unanimidad de criterio. Particularmente, tanto en mi caso como en el de

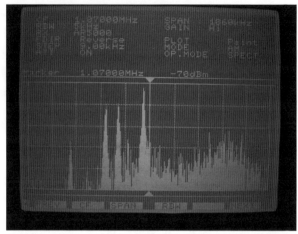

Analizador de espectro. Actividad de la banda de onda media (receptores comunes de AM), desde 530 kHz a 1600 kHz. Se observa, por la cantidad de señales, que es una banda muy ocupada y ruidosa. Fotografía y descripción cedidos por César Pachón.

muchos otros, suele haber una coincidencia: 1480 kHz de la onda media (AM), la llamada «frecuencia de Jürgenson» que suele reportar buenos registros. Se habla de que en frecuencias superiores a 10.000 kHz se pueden conseguir voces nítidas determinando el tono y timbre, aunque según mi experiencia personal no he observado esta clase de mejora. Mis frecuencias más propicias, por decirlo de alguna manera, se encuentran entre los 8 y los 9 MHz de la onda corta.

En cada sesión nos servimos de una ficha técnica donde anotamos los mismos datos que para la investigación de campo, las diferentes frecuencias con las que vamos trabajando y sus resultados. Cada experimentador se dirige a las entidades con el protocolo que crea conveniente según sus convicciones. No me pregunten por qué, pero les aseguro que ser educado y respetuoso y dar las gracias, una vez finalizadas las preguntas, favorece la inclusión.

EPÍLOGO

Mi experimentación en transcomunicación instrumental o psicofonía (como es más conocida en España) comenzó a finales del año 1997 y continúa hasta el día de hoy sin interrupciones; me ha abierto las puertas de la conciencia a otras dimensiones de la existencia y trae consigo la semilla del querer saber siempre más, que no se satisface con las respuestas fáciles, que desafortunadamente son las que le gustan a la ciencia oficial.

José Ignacio Carmona Sánchez es, como yo, experimentador apasionado de la TCI y fue, en este ámbito, que hicimos contacto y amistad. Publiqué con placer algunos de sus textos en Cuadernos de TCI y mantenemos una relación asidua. Iñaki, como le llaman sus amigos, entre los cuales me incluyo, es un experimentador inquieto que no «descansa» sobre sus excelentes resultados. El quiere ir más allá de lo que le dicen sus comunicantes, cuando le informan que le hablan desde otro mundo, y su espíritu inquieto formula mil hipótesis que procederá metódicamente a ponderar, analizar, estudiar, ¡para tal vez, descartar... o no!

Iñaki plantea sus muchas interrogaciones y dudas, la mayoría de las cuales no comparto pero comprendo, de forma sistemática, inteligente y rigurosa. Quiere estar seguro de que ese otro mundo del que le hablan sus compañeros ya desaparecidos no es una fabricación inconsciente de su mente, sino una magnífica realidad a la cual un día todos tendremos acceso.

Su postura me parece muy digna y respetable y me hace pensar que él no es solamente un experimentador sino también el continuador de las ilustres figuras que España produjo en esta disciplina, Germán de Argumosa, Sinesio Darnell, Carlos Fernández, entre otros. Él será también uno de los que, en el futuro, guiará a las nuevas generaciones en una investigación vital para la humanidad y su desarrollo —la continuidad de la vida.

En este libro, la forma de pensar que le caracteriza, heredera de la tradición racionalista occidental, pero simultáneamente abierta a lo desconocido, que es lo mismo que decir al infinito, se ofrece a los lectores de modo claro y bien estructurado. Todos —tanto experimentadores en TCI como sencillamente los interesados en los múltiples caminos de la vida— se beneficiarán con su lectura.

Anabela Cardoso
Directora de Cuadernos de TCI

DIRECTORIO WEB SOBRE PSICOFONÍAS Y FENÓMENOS EXTRAÑOS

Lugares de interés relacionados con el mundo de las psicofonías y la fenomenología paranormal.

Foro de contacto con el autor
http://boards4.melodysoft.com/app?ID=cuadernopsi-cofonias

Web de César Pachón
Contiene mucha información alternativa sobre el aspecto técnico del fenómeno de las voces:
http://raudivevoice.blogspot.es/

Web del programa de radio *Espacio en blanco* conducido por Miguel Blanco
http://www.espacioenblanco.es/

Punto de encuentro de los amigos del misterio
http://www.forosdelmisterio.es/

Web de Gaipo
A la vanguardia de la experimentación TCI en España:
http://www.gaipo.es/WEBS%20MENU/TRANSCO-MUNICACION.htm

Web de Marcello Bacci
El único experimentador que a mi juicio tiene un hilo directo con el otro lado:
http://www.marcellobacci.it/1index.htm

Sociedad española de amigos del misterio
http://www.seamp.net/

Sociedad española de investigaciones parapsicológicas
Un buen lugar al que dirigir nuestras dudas:
http://www.elseip.com/

Web del programa televisivo Cuarto milenio conducido por Iker Jiménez
http://www.cuatro.com/cuarto-milenio/

Asociación mexicana de TCI Karine
Web de mis buenos amigos los Dray, convoca a una legión de personas creyentes, sin fisuras, en la hipótesis de la supervivencia del espíritu. Distribuye un boletín sobre el fenómeno y cuenta con información sobre actividades:
http://www.karine-tci.com

Luis de la Fuente y Estrella Fernández
Uno de los investigadores más serios que, como los más grandes, ha caído injustamente en el olvido por dedicarse al fenómeno sin estridencias. Ejemplos de psicoimágenes y psicofonías:
http://inicia.es/de/luisfountain

Cuadernos de TCI
Publicación especializada del boletín multilingüe *ITC journal*. Podemos suscribirnos a los cuadernos a través de ella:
http://www.itcjournal.org/cuadernos.htm

Infinitude
Asociación de personas que se suscriben a la hipótesis del contacto inequívoco con personas fallecidas:
http://www.infinitude.asso.fr/Garde/FR_Garde.htm

Estigia
Decana revista de parapsicología dirigida por el ingeniero y divulgador Joaquín Abenza, órgano de difusión del CIFE (Centro de Investigación de Fenómenos Extraños):
http://members.tripod.com/~cife/revista.html

Asociación de TCI alemana
http://aaevp.com/

American Association EVP
http://aaevp.com/

Web de Carlos Trajna
Uno de los mejores especialistas a nivel mundial:
http://xoomer.virgilio.it/dsxqrt/

El último peldaño (Onda Regional de Murcia).
Programa de radio de la cadena regional de la Comunidad de Murcia que puede seguirse todos los viernes a partir de las 23:30 h también *online*, y que ofrece un tratamiento sobre los fenómenos paranormales con rigurosidad y credibilidad:
http://www.joaquinabenza.com/peldano.html

Luces en la oscuridad
Programa de la cadena Punto Radio conducido por Pedro Riba, que todos los sábados y domingos nos conduce por la dimensión espiritual del ser humano y su relación con la naturaleza:
http://lucesenlaoscuridad.es/

La rosa de los vientos
Web del programa especializado en temáticas fronterizas, que me roba tantas horas de sueño como a tantos otros rosaventeros:
http://rosavientos.es/

Redes
Página web del mítico programa televisivo conducido por Eduard Punset, donde comprobará que los últimos adelantos de la ciencia abundan sorprendentemente en teorías manejadas en este libro:
http://www.rtve.es/tve/b/redes/

Fundación de Friedrich Jürgenson

Esta web contiene un libro en inglés para su descarga:
http://www.fargfabriken.se/fjf/

GLOSARIO

Campana de vacío: o cámara de vacío es el espacio hermético en el que se realizan las reacciones, procesos o manipulaciones en las condiciones de baja presión requeridas.

Concomitante: que aparece o actúa conjuntamente con otra cosa.

Cuantos: en física, el término «cuanto» o *«quantum»* (palabra latina, en plural *quanta*, que representa una cantidad de algo) denotaba, en la física cuántica primitiva, tanto el valor mínimo que puede tomar una determinada magnitud en un sistema físico, como la mínima variación posible de este parámetro al pasar de un estado discreto a otro. Se hablaba de que una determinada magnitud estaba «cuantiada» según el valor de cuanto. O sea que «cuanto» es una proporción hecha por la magnitud dada.

Ecolalia: imitación y repetición mecánica del sonido.

Efecto Doppler: consiste en la variación de la longitud de onda de cualquier tipo de onda emitida o recibida por un objeto en movimiento.

Electromagnetismo: es una rama de la física que estudia y unifica los fenómenos eléctricos y magnéticos.

Energía: es una magnitud física abstracta, ligada al estado dinámico de un sistema cerrado y que permanece invariable con el tiempo. También se puede definir la energía de sistemas abiertos, es decir, partes no aisladas entre sí de un sistema cerrado mayor. Un enunciado clásico de la física newtoniana afirmaba que la energía ni se crea ni se destruye, solo se transforma.

Entropía: tendencia natural de la pérdida del orden.

Espectrograma: representación de las variaciones de la frecuencia —eje vertical— y la intensidad —nivel de grises— en el habla a lo largo del tiempo —eje horizontal.

Espurias: falso, no auténtico.

Faraday (Jaula de): efecto que provoca que el campo electromagnético en el interior de un conductor en equilibrio sea nulo, anulando el efecto de los campos externos.

Fonema: unidad lingüística de sonido más pequeña.

Hercio: unidad de medida de la frecuencia de onda (ciclos por segundo).

Holograma: la holografía es una técnica avanzada de la fotografía que consiste en crear imágenes tridimensionales. Para esto se utiliza un rayo láser, que graba microscópicamente una película fotosensible. Esta, al recibir la luz desde la perspectiva adecuada, proyecta una imagen en tres dimensiones.

Inconsciente: circunstancia psíquica que se desarrolla fuera de la conciencia.

Lóbulo temporal: zona lateral superior de cada hemisferio relacionada con la integración auditiva.

Neutrino: son partículas subatómicas de tipo fermiónico, de carga neutra y espín ½. Los últimos estudios han confirmado que los neutrinos tienen masa, aunque esta no se conoce con exactitud. Su valor, en todo caso, sería muy pequeño habiéndose obtenido tan solo cotas superiores con valores aproximadamente doscientos mil veces más pequeños que la masa del electrón. Además, su interacción con las demás partículas es mínima por lo que pasan a través de la materia ordinaria sin apenas perturbarla.

Ondas: es una perturbación de alguna propiedad de un medio, que se propaga a través del espacio transportando energía. El medio perturbado puede ser de naturaleza diversa como aire, agua, un trozo de metal o el vacío, y las propiedades de la perturbación pueden ser también variadas, por ejemplo, densidad, presión, campo eléctrico o campo magnético.

Oscilograma: representación de las variaciones de amplitud en el habla —eje vertical— a lo largo del tiempo —eje horizontal.

Pareidolia: es un fenómeno psicológico consistente en que un estímulo vago y aleatorio (habitualmente una imagen) es percibido erróneamente como una forma reconocible.

PES: percepción extrasensorial, captación de sucesos o influencias externas que no pueden captarse por los cinco sentidos. Incluye la telepatía, la clarividencia y la precognición.

Premonición: intuición de un suceso futurible no previsible.

Portadora: en TCI es el soporte secundario que transmite una frecuencia o frecuencias a un soporte primario con el fin de propiciar un sustrato modulable que favorece el registro psicofónico.

Psicofonía (parafonía, fonía paranormal, metafonía…): sonido, palabra o frase, de mecánica y origen desconocido, presumiblemente parafísico, que se registra espontáneamente o a iniciativa de un experimentador, en un soporte registrable.

Ruido blanco: análogo a la luz blanca, porque, al igual que esta es la suma de todos los colores, el ruido blanco comprende todos los sonidos del espectro audible con idéntico nivel de energía.

Sonido: el sonido es una sensación, en el órgano del oído, producida por el movimiento ondulatorio en un medio elástico (normalmente el aire), debido a cambios rápidos de presión, generados por el movimiento vibratorio de un cuerpo sonoro.

Sugestionar: inspirar a otra persona hipnotizada palabras o actos involuntarios. Dominar la voluntad de alguien, llevándolo a obrar en determinado sentido.

TCI (transcomunicación instrumental): empleo de diferentes soportes instrumentales con el fin de registrar comunicaciones de naturaleza parafísica.

Telepatía (sensibilidad a distancia): transmisión de una psique a otra sin la intervención de los sentidos conocidos.

Telergía: neologismo creado por la parapsicología para definir la fuerza que emanaría del cuerpo de una persona que estuviera dotada de la facultad de la telequinesia.

Trance: estado de la conciencia que excluye el libre albedrío y que puede ser inducido por autosugestión o hipnotismo, también puede darse espontáneamen-

te. En este estado pueden aparecer fenómenos paranormales acentuados.

VDR: Voces directas de origen paranormal obtenidas
con el método de interaccionar un aparato de radio
y una grabadora.

OBRA CONSULTADA

BERENDT, Heinz C.; Keller, Werner. *Ayer era milagro*. Valencia, Círculo de Lectores, 1975.

FULLER, Curtis. «Las fotografías psíquicas de Willi», Madrid, Revista *Tenemos Una Supermente,* Volumen 3, 1980.

GUIRAO, Pedro. *Dossier del más allá*. Barcelona, Plaza & Janés, (1ª edición), mayo 1980.

GULLA, Daniel. «Actas del Primer Congreso Internacional sobre Investigación Actual de la Supervivencia a la Muerte Física con Especial Mención a la TCI», Vigo, edita Anabela Cardoso, abril 2004.

HOWITT, William. *History of the Supernatural*, Vol. II. 1863.

MARABINI, Enrico. «Actas del Primer Congreso Internacional sobre Investigación Actual de la Supervivencia a la Muerte Física con Especial Mención a la TCI», Vigo, edita Anabela Cardoso, abril 2004.

PENROSE, Roger. *Las sombras de la mente*. Barcelona, Crítica, 2007.

PUSHKIN, V. N.; DUBROV, A. P. *La parapsicología y las ciencias naturales modernas*, Madrid, Akal, 1980.

PENFIELD, Wilder; Lawrence, William E. *Nuevos horizontes de la ciencia*, México, Diana, 1967.

ROGO, D. Scott. *En busca de lo desconocido*. Barcelona, Martínez Roca, colección Fontana Fantástica, 1982.

SENKOSWSKI, Ernest. «Actas del Primer Congreso Internacional sobre Investigación Actual de la Supervivencia a la Muerte Física con Especial Mención a la TCI», Vigo, edita Anabela Cardoso, abril 2004.

UGARTE DE ERCILLA, R. P. Eustaquio. *El espiritismo moderno*, Barcelona, Ramos, 1916.

BIBLIOGRAFÍA

DARNELL, Sinesio. *El misterio de la psicofonía*, Barcelona, Fausí, 1991.

FERNÁNDEZ, Carlos G. *Voces del más allá*, Madrid, Edaf, diciembre 2006.

FERNÁNDEZ BRIONES, Luis. *La nueva parapsicología*, Barcelona, Noguer, (1ª edición), julio 1981.

FREIXEDO, Salvador. *El diabólico inconsciente*, Puerto Rico, Isla, (2ª edición), 1973.

HORIA, Vintila. *Encuesta detrás de lo visible*, Barcelona, Plaza & Janés, Colección Otros Mundos, 1975.

JUNG, Carl Gustav. *Simbología del espíritu*, México, Fondo de Cultura Económica, (4ª reimpresión), 1994.

TALAMONTI, Leo. *El universo prohibido*, Barcelona, Plaza & Janés (3ª edición), octubre 1973.

GIOVETTI, Paola. *Ciencias ocultas*, Gerona, Tikal Ediciones, 1994.

ANEXO 1

Updated replication of EVP experiments with Jürgenson and Raudive using contemporary experimenters and more sensitive equipment[16]

Patrocinado por:
SAYBROOK GRADUATE SCHOOL AND RESEARCH CENTER

Primera fase - Informe
(Vigo, 5, 6 y 7 de agosto de 2008)

Anabela Cardoso
José Ignacio Carmona Sánchez

---

[16] Actualización de replicación de los experimentos con EVP Jürgenson y Raudive utilizando experimentadores contemporáneos y equipos más sensibles.

Nota: Las audiciones y posterior tratamiento de los *master* se han realizado en los laboratorios domésticos de Anabela Cardoso y del experimentador invitado José Ignacio Carmona Sánchez, presente en todas las grabaciones.

Material utilizado por José Ignacio Carmona:
- Editor de sonido: Adobe Audition 1.5
- Tarjeta de sonido: Realtek AC 97
- Las características técnicas del auricular empleado:
- Auriculares Lauson (algunas de las grabaciones son difíciles de escuchar si no se utilizan auriculares)
- Impedancia: 32
- Sensibilidad: 102 dB.
- Respuesta de frecuencia: 20 - 20.000 Hz

Posteriormente, dichas audiciones se han comprobado en los estudios de Onda Polígono en Toledo; las herramientas de audio empleadas en mencionados estudios fueron un programa de ordenador denominado Kaffeine, con salida hacia una mesa de mezclas Broadcast Mixer.

Introducción

Por José Ignacio Carmona

Como responsable de llevar a cabo las experimentaciones bajo el más absoluto silencio, apostillo:

Este investigador entiende que la naturaleza misma del proyecto es preservar las condiciones originales, de silencio y aislamiento, inherentes a los habitáculos donde se desarrollan las experimentaciones. El hecho de no utilizar portadora acústica tiene como objeto reforzar la rigurosidad del experimento; de no ser así, cualquier hipotética voz paranormal que fuera obtenida colateralmente, junto al uso de una portadora, pudiera dar lugar a la contra-hipótesis de un enmascaramiento debido al ruido inducido.

El objeto de plantear un cuestionario con diversas preguntas no se lleva a cabo en modo alguno de manera aleatoria, tiene como fin no solo inducir a la causa paranormal (o comunicantes) al contacto y a la comunicación, sino tratar de verificar hasta dónde llegan las potencialidades de las voces y su fenomenología asociada. Este experimentador después de más de veinte años dedicados a la TCI contempla como probable la hipótesis trascendental; intentar plantearnos, como único reto, el obtener registros y enfatizar su excepcionalidad e intencionalidad no sirve de nada, si no viene acompañado de un proyecto global que confronte la TCI no solo contra hipótesis convencionales, sino parapsicológicas.

El propósito del cuestionario esconde per se la naturaleza misma de la investigación. Las preguntas no aceptan una única contestación asertiva o negativa, ni invitan a ser resueltas con formas monosilábicas o telegráficas; consecuentemente no serían válidas respuestas anodinas y/o descontextualizadas que nada ayudan a desentrañar la mecánica o la génesis de las comunicaciones. Paralelamente, inducir a los hipotéticos «comunicantes» a anticipar un hecho venidero, leer un pensamiento no expresado del experimentador o revelar datos sobre el pasado, el presente o el futuro (retrocognición, simulcognición, precognición) trata de demostrar que las psicofonías no responden a un mero fenómeno de mentalismo o interacción subliminal de los presentes, sino que, en el caso de que esta prueba se resuelva de manera satisfactoria, se haría necesario acudir a respuestas parapsicológicas más complejas.

Llamativo fue incluir, en una parte de la experimentación, una réplica del Psycho-Phone, construida por el ingeniero supervisor; objetivamente he de reseñar que este aparato se improvisa como un receptor de onda radio, lo que desaconseja su uso para la investigación en su actual formato. Desconozco si el método o técnica empleados en el experimento difieren de los de otros muchos investigadores que describen resultados esclarecedores.

Nota: Todas las audiciones y análisis de los resultados fueron realizados en conjunto por Anabela Cardoso y José Ignacio Carmona. Las audiciones fueron ejecutadas por separado en los laboratorios domésticos de Anabela Cardoso en Vigo y de José Ignacio Carmona en Toledo. Los resultados fueron comparados y las conclusiones logradas son el resultado del común acuerdo entre los dos investigadores.

Material utilizado por Anabela Cardoso:

Editor de sonido: Sound Forge 9.0
Tarjeta de sonido: Sound Blaster X-Fi
Amplificador: Yamaha AX-700
Altavoces: Yamaha NS-1000M

AUDICIÓN Nº 1

5-08-2008

Lugar: Estudios Metrópolis
Hora: 19.20 h - 19.45 h
Participantes: Anabela Cardoso,
José Ignacio Carmona
Philip Newell.
Equipos de grabación del propio estudio.
Grabadora de control perteneciente al experimentador
José Ignacio Carmona: Philip D 6920 Mk2.

No se observan incidencias de importancia, salvo que en el minuto 3'15" de la grabación Audio 01 parece escucharse la mimofonía de unos pasos, aparentemente cuatro pasos momentos antes de que se escuchen ruidos producidos por la silla donde se sentaba el experimentador. En el minuto 3'14" en los archivos *audio condenser* y *dynamic* y en el minuto 2'50" en la cinta magnética. Los sonidos son más fuertes en el *file condenser*.

En el minuto 04'27" de los registros efectuados con los micrófonos conectados al sistema digital, se escucha un susurro que parece decir *«podemos sim»* en portugués. Desgraciadamente la grabación analógica no está sincronizada con la digital, consecuentemente el ruido previo de los pasos se escucha antes en la cinta. La pregunta de José Ignacio Carmona había sido si los invisibles comunicantes podían contestar en estas circunstancias. Dada su ambigüedad lingüística, es nuestra opinión que este susurro no debe ser considerado en el ámbito de este proyecto.

Interior de los Estudios de grabación Metropolis (Vigo).

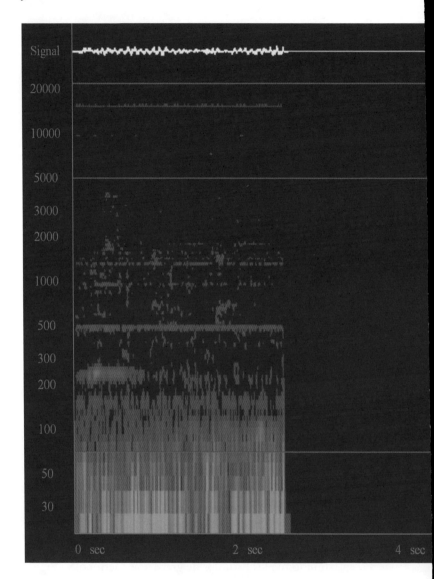

6 sec   8 sec

Análisis de presunta inclusión psicofonica.

En el minuto 05'09" se escucha una voz susurrada que antecede a un sonido rápido, aparentemente metálico, el cual no puede haber sido provocado por las anillas de plástico del cuaderno[17] donde el experimentador escribe sus preguntas, y que lleva en la mano. Al aumentar el volumen y limpiar un poco el ruido de fondo producido por la amplificación del propio micrófono, se escucha bastante claramente, aunque con baja amplitud, «estamos mortos» en portugués. Este registro también se consigue escuchar en el *file* grabado con el micrófono *dynamic* pero con una amplitud muchísimo más baja. La pregunta había sido si el comunicante tenía algún mensaje para alguno de los presentes.

Hay que enfatizar la pertinencia de estas grabaciones, ya que aunque sean susurros de baja amplitud (posiblemente porque el experimentador no utiliza una portadora acústica y el estudio está acústicamente aislado) poseen contenido lingüístico apropiado en relación a la pregunta. Durante esta experimentación José Ignacio Carmona había pedido a los comunicantes que utilizaran otro idioma que no fuera el suyo y que él no conociera, concretamente inglés o portugués. Todas las respuestas susurradas son en lengua portuguesa. Se destacan, en el presente informe, únicamente las que ofrecen alguna pista para el entendimiento del fenómeno de las voces.

Así en el minuto 19'47" una respuesta susurrada parece decir «*do nosso mundo depende...*» (de nuestro

---

[17] Los ruidos provocados por el cuaderno fueron posteriormente grabados en un archivo audio para que se pudieran comparar. Se solicitó al ingeniero Philip Newell que realizara el trabajo de comparación entre los dos sonidos.

mundo depende…). El investigador había preguntado si el contacto dependía de los comunicantes o del investigador en la Tierra. Inmediatamente a continuación de este susurro, se escucha otra vez el ruido metálico que aparentemente no era producido en la sala, puesto que las argollas del cuaderno de José Ignacio Carmona son de plástico. El ingeniero supervisor Philip Newell podrá tener alguna pista sobre la razón de estos ruidos metálicos.

Al final de la experimentación, el experimentador quiere saber si puede hacer algo por sus interlocutores y la respuesta susurrada parece decir «*contactar ¿com os mortos?...*» (minuto 20'46"). Una vez más este susurro se encuentra entre ruidos —algunos de ellos, ruidos de la saliva y de la respiración— y parece que el mismo esté producido por ruidos, aunque tenga contenido lingüístico pertinente. Algunos de los ruidos que rodean al susurro, el cual además se verifica también un poco antes, pero más bajo y con el mismo contenido, fueron posiblemente producidos por el experimentador al moverse en la silla, pero el sonido más alto, como de una pelota botando tres veces con extrema rapidez sobre una superficie dura, que se escucha inmediatamente después de esta voz susurrada, no puede haber sido producido en la sala. Sonidos muy similares a este aparecieron grabados en diversas ocasiones en las cintas de Anabela Cardoso, antes de que se grabaran las primeras voces anómalas. De hecho, los sonidos prácticamente idénticos, que no fueron producidos en el estudio de Anabela Cardoso y pueden por consiguiente ser considerados anómalos, figuran en sus primeras grabaciones

Técnico de los estudios de grabación Metrópolis (Vigo).

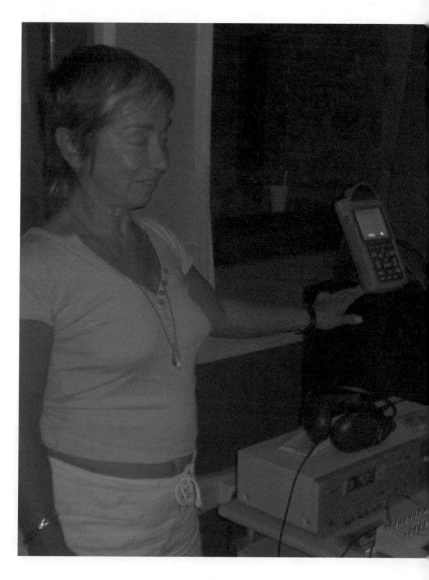

Anabela Cardoso junto al ingeniero supervisor testando
los equipos antes de realizar el experimento.

psicofónicas realizadas con equipos sencillos de calidad muy inferior a los utilizados en el estudio Metrópolis.

Es nuestra opinión que, aunque algunos de los susurros registrados posean contenido lingüístico y que pueden ser fácilmente percibidos por un oído atento, dada su bajísima amplitud, se deben descartar, por lo menos como resultados apreciables, para la finalidad del presente proyecto. Se hace referencia a ellos a título de curiosidad y porque son audibles en los *files* de la cinta magnética y del micrófono *condenser*, pero prácticamente inaudibles en el *file* grabado con el micrófono *dynamic*; esta información podrá ser útil en investigaciones donde se profundice sobre la naturaleza de las voces.

Otro aspecto que puede contribuir al entendimiento del proceso de comunicación es el siguiente: prácticamente todos los susurros obtenidos en esta experimentación, realizada sin portadora acústica, fueron producidos inmediatamente antes o después de leves ruidos ambientales, como por ejemplo una ligera rotación de la silla, la saliva deglutida, la respiración, etc., o de ruidos que deben ser considerados anómalos, porque no fueron producidos en el estudio de grabación. Una primera conclusión, que creemos se puede avanzar, es que el ruido parece, efectivamente, tener un papel favorable en el proceso de comunicación con voces psicofónicas.

Mediciones previas al experimento. Estudios Metrópoli.

Anabela Cardoso y José Ignacio Carmona durante un breve descanso en la cabina de los Estudios de grabación Metropolis.

El ingeniero Philip Newell durante la redacción
del informe técnico.

AUDICIÓN Nº 2

6-08-2008

Lugar: Laboratorio de acústica del Departamento de Telecomunicaciones de la Universidad de Vigo.
Hora: 14.00 h. - 15.00 h.
Participantes: Anabela Cardoso
José Ignacio Carmona Sánchez
Philip Newell.
Condiciones ambientales en el interior del estudio: temperatura 23º C, presión 953 y humedad 64 %.
Equipo: dos videocámaras que registran toda la experimentación desde distintos ángulos; una grabadora Sony DAT TCD D7 propiedad del investigador José Ignacio Carmona Sánchez, con micrófono incorporado Sony ECM-719, que ejerce como grabadora de control en todo el proceso de la grabación (previo y posterior); equipos profesionales del propio laboratorio supervisado por el ingeniero Philip Newell para realizar el experimento. Entre ellos es reseñable el micrófono Brüel & Kjaer 4190-L001 capaz de registrar infrasonidos.

Descripción técnica del micrófono:
- The Falcon Range $1/2^2$ Microphones - Types 4188 to 4193
- Usos:
* M For sound level meters
* M In noise measurement systems satisfying IEC and
* ANSI standards
* M Transport-noise measurements
* M Architectural acoustics
* M Electro-acoustics

- Características:
* M Choice of free or pressure-field frequency response
* M Choice of pre- or external polarization
* M Wide dynamic ranges typically from 14.2 dB (A)
* 146 dB and 20 dB (A) to 162 dB (3% distortion)
* M Very wide operating temperature range and low
* Ambient-temperature coefficient
* M Individual calibration charts
* M Individual data disks for Types 4189 to 4193 for
With Microsoft Windows
* M Withstand IEC 68-2-32 1m drop test (<0,1 dB
Sensitivity change) and industrial environments
* M Falcon Range product with a three-year guarantee

Pista de audio nº 2

En los minutos 5'27"; 12'23"; 14'07"; 22'21"; 22'48"; 21'37", se observan incidencias en el transcurso de la grabación, sobre las que no podemos pronunciarnos por su origen presumiblemente físico. Corresponderá al ingeniero supervisor de las grabaciones proceder a su justificación.

Mientras en todo momento se monitoriza la sesión, José Ignacio Carmona tiene por costumbre marcar con su propia voz el momento en el que, en tiempo real, cree haber logrado una inclusión psicofónica, de tal modo que puede interactuar con ella si el contenido de la misma es razonablemente nítido y señalar el tramo de grabación. Así, fueron obtenidas claras mimofonías que pasamos a reseñar:

Entre el minuto 12'42" y el 12',47" se le induce a la causa paranormal a que reproduzca la mimofonía del ruido de pasos obtenidos en la sesión de grabación del

Segunda fase de los experimentos, Universidad de Vigo.
Marco (ingeniero portugués), Ingrid (física cuántica alemana),
Anabela (responsable de la experimentación portuguesa)
y Uwe (catedrático de ciencias audiovisuales alemán).

Durante las mediciones previas al experimento.

día anterior en el estudio Metrópolis, en ese tramo, simultáneamente, se registran en la grabación DAT de la Universidad, en el minuto 12'57", el sonido de lo que parecen dos pasos reales, aunque con baja amplitud. Unos segundos después se escucha el sonido de un golpe.

El propósito de José Ignacio Carmona al pedir esto era demostrar que nuestros comunicantes se postulan como lo que la parapsicología describe como un «fenómeno de actualidad», al demostrarse una interacción en tiempo real entre el experimentador y la causa.

En el minuto 15'45" el experimentador José Ignacio Carmona dice «yo entiendo que eres una persona tal como nosotros» y pregunta a los comunicantes si quieren «testimoniar su presencia de alguna manera». A continuación se escuchan cinco nítidos golpes que no fueron ni escuchados durante el experimento ni producidos en el laboratorio. La grabación analógica registra las mismas inclusiones.

En el minuto 17'50" pregunta José Ignacio Carmona «¿puedes leer mi pensamiento, en quién estoy pensando en este momento?» y a continuación en el minuto 18'09" una voz susurrada dice *somos capaces sim*, un par de segundos después se escucha un fino y claro sonido metálico, como el de una campanilla, inmediatamente después dos voces susurradas parecen decir en portugués: una dice *somos mortos*, y la otra dice *¿não...?*. A continuación se escucha un rapidísimo silbo metálico.

En el minuto 19'21" dice José Ignacio Carmona en voz alta: «creo haber oído un latido», efectivamente este se comprueba en una posterior audición y queda señalada dicha incidencia en el minuto 19'13", volviéndose a repetir en el minuto 19'30" con algo más de intensidad. Es probable que la causa fuera algún ruido estructural del edificio, pero eso tiene que determinarlo el ingeniero supervisor Philip Newell.

En el minuto 22'22" se escucha otro ruido metálico muy parecido al que anteriormente se describe y en el minuto 22'45" se escucha lo que se asemeja a dos ladridos sordos de baja amplitud acústica. En el minuto 22'49", cuatro segundos más tarde, José Ignacio Carmona se dirige a su perra fallecida y le pide un ladrido, un gesto de consuelo. La correlación entre la voz susurrada que dice «somos capaces [de leer el pensamiento]» y estos ladridos, que aparecen grabados antes de que el experimentador se dirija a su perra fallecida pidiéndole un ladrido, parece obvia. Los ladridos parecen confirmar la anterior afirmación de que las voces son «...capaces de leer el pensamiento».

En el minuto 23'40" se registra el ruido de su respiración, seguido primero por un *sim* en portugués en voz masculina muy baja, y luego por una voz femenina con el siguiente contenido: «técnico» articulando muy bien cada sílaba. La última sílaba se pega a la voz de José Ignacio Carmona cuando dice unas palabras de despedida para cerrar el experimento. En el minuto 08'12" de la misma experimentación el operador se había dirigido a la alta entidad, a quien se llamó el «técnico», que dirigió los contactos de la Estación Río del Tiempo con el Grupo de Luxemburgo.

Estas inclusiones son asimismo audibles en la grabación analógica, si bien tienen un sonido menos brillante y son bastante más bajas en amplitud.

Interior de la Camara Anecoica de la Universidad de Vigo.

Pista de audio nº 3

Este tramo de audio es interesante, ya que por indicación de Anabela Cardoso se añadió un matiz al experimento, que consistía en dejar abierta la puerta del estudio de grabación mientras los investigadores Anabela y José Ignacio Carmona charlaban caminando por el pasillo y los equipos permanecían grabando, haciendo así que el leve ruido ambiental funcionara como portadora natural. Se demuestra cómo en esas condiciones los mensajes son más nítidos y más numerosos. No había nadie más en todo el amplio edificio del departamento de telecomunicaciones. La confirmación de este hecho quedó grabada en voz alta por Philip Newell en la cinta analógica.

En el minuto 0'16" se escucha una clara voz masculina que dice «…¿mentres? paseo yo en Vigo», a la cual le sigue aparentemente la misma voz diciendo con acento inglés «exterior». Philip Newell, que se encontraba solo dentro del laboratorio trabajando con los aparatos, no tenía a nadie con quien hablar, ya que los operadores hablaban uno con el otro en la antecámara situada entre la salida del laboratorio de acústica y el largo pasillo del edificio, donde llevaron a cabo la conversación que serviría de prueba, por lo que se supone que no estaría hablando solo, pero esta grabación debe ser comprobada por el ingeniero supervisor porque la voz que dice «… paseo yo en Vigo» y «exterior» es algo similar a la suya.

En el minuto 0',26" una voz masculina baja y poco clara parece decir «há passagem» (hay pasaje) en portugués. Esta voz podría indicar que los comunicantes creían que «había pasaje», esto es, que se podían comunicar, lo que efectivamente sucedió.

En el minuto 0'50" dos voces femeninas registran el siguiente contenido: *«per huye»* (una voz) *«no cree»* (otra voz). Estas dos voces son excelentes en amplitud, claridad y musicalidad.

En el minuto 1'15" una voz de niño dice *«este é o mismo»*. En el minuto 2'03" otra voz parece decir *«o Luis...»* (Luis era el nombre del fallecido hermano de Anabela) al mismo tiempo que una voz masculina parece hablar pegada al micrófono diciendo *«that's... posiblemente me»*. El ingeniero Newell deberá ser consultado sobre esta voz que parece hablar directamente sobre el micrófono y confirmar que no fue él quien articuló esas frases. En el minuto 2'26" aparece una cantante voz masculina de nítidas características psicofónicas que, como casi todas las anteriormente mencionadas, habla al mismo tiempo que los experimentadores Anabela Cardoso y José Ignacio Carmona en su conversación caminando por el pasillo. A primera vista esta voz es clara, pero su contenido no es fácil de entender, posiblemente por sus características de voz cantante.

Pista de audio nº 4

No se observan incidencias.

Pista de audio nº 5

Se escucha únicamente una voz susurrada muy baja que parece decir en portugués *«era o contacto, somos nós...*» (era el contacto, somos nosotros...). El experimentador se había dirigido a otros investigadores en TCI contemporáneos nuestros pero ahora fallecidos, y les había preguntado si podían testimoniar que el contacto era factible. El contenido no podría ser más pertinente.

Es importante destacar que las grabaciones en el Laboratorio de Acústica de la Universidad de Vigo se realizaron en una cámara semi-anecoica, muy bien aislada, de acuerdo con la descripción técnica de Philip Newell y no se utilizó ningún ruido de fondo como portadora acústica. Está registrado en voz alta por los participantes, al final de la grabación, que durante esta prueba no se produjo ningún ruido ambiental o corporal. Posiblemente por este motivo las voces obtenidas son de bajísima amplitud.

AUDICIÓN Nº 3

7-08-2008

Lugar: Estudios Metrópolis.
Hora: 14.00 h.
Participantes: Anabela Cardoso, José Ignacio Carmona Sánchez y Philip Newell. Equipo: propio del estudio.
Grabadora de control propiedad del experimentador José Ignacio Carmona Sánchez, Sony DAT TDC D7.

Se observan igualmente incidencias en la grabación realizada en el estudio Metrópolis el 7 de agosto, último día de la permanencia en Vigo del experimentador.

Se realizaron dos tipos de grabaciones, una tuvo como ruido de fondo una casete comercial que mezcla sonidos de delfines con música relajante. La otra fue realizada sin portadora acústica como las anteriores grabaciones. Se registraron diversas inclusiones anómalas. Las más evidentes se encuentran en el minuto 05'34" del *file* U 87 Condenser _01 con el contenido *«Fala rio…»* y en el minuto 09'48" aparentemente en lengua portuguesa *«Não é assim…* ¿[posiblemente] *que se diz?»* (no es así que se dice) mientras la pregunta del experimentador había sido ¿qué pensáis de las personas que os llaman muertos? Asimismo en el minuto 06'16" del *file* U 87 Condenser _02 se escucha «contacto».

En la experimentación hecha con la música de los delfines se observan igualmente incidencias. En el minuto 08'13" del U 87 Condenser Dolphins y asimismo del *file* SM 57 Dynamic Dolphins se escucha «es distinto sí». El experimentador había comentado que, cuando los comunicantes se anticipan con sus respuestas a las preguntas de los experimentadores, eso lógicamente significa que su tiempo es distinto de nuestro tiempo cronológico en la Tierra.

Pero la incidencia más interesante de este día, por las características de esta voz, más alta que las anteriores, está registrada en el archivo U 87 04 minuto 3'06", cuando el experimentador José Ignacio Carmona pide a los comunicantes que pasen un mensaje a su tío que cometió suicidio y una voz dice primero, muy rápidamente, «lo siento» y a continuación otra voz, asimismo de modo extremamente rápido, parece decir *«fazer contacto»* en portugués. Estas voces solo son inteligibles después de bastante ralentizadas. Inmediatamente a continuación Anabela tose y hace bastante ruido. Es interesante subrayar que esta voz mejorada se encuentra una vez más entre ruidos, puesto que José Ignacio Carmona había terminado de hablar y a continuación Anabela tose.

En la grabadora de control del experimentador José Ignacio Carmona se registró una grabación nítida que responde al contenido: *«Was it?»* Registrada en el segundo 2 del comienzo de la misma e inequívocamente contextualizable con la conversación entre los experimentadores.

En todas las incidencias psicofónicas descritas en este informe se pudo confirmar que las voces psicofónicas aparecen indistintamente grabadas en todos los medios simultáneamente en uso, analógicos y digitales. Esta comprobación fue asimismo verificada en los experimentos realizados anteriormente con otros operadores. En general, las voces son mucho más débiles en las grabaciones realizadas con el micrófono *dynamic* (modo unidireccional) que en las del micrófono *condenser* (en modo omnidireccional) y algunas de ellas no son audibles en la grabación hecha con el *dynamic*. En la grabación analógica aparecen con intensidad parecida a las realizadas con el micrófono *condenser* (el micrófono Sennheiser utilizado con el sistema analógico es también un micrófono omnidireccional) pero con ruidos añadidos provocados por los equipos analógicos —el motor, la cinta, etc. Esta observación puede ser una buena plataforma para una investigación técnica más profunda que debería realizar un experto en análisis de la señal.

Conclusiones

La conclusión más evidente es que, por lo menos, hasta la presente fecha, las voces anómalas se manifiestan con mayor intensidad, mayor claridad y son más abundantes en los experimentos realizados fuera del protocolo de las grabaciones. En los experimentos realizados en conjunto con el experimentador José Ignacio Carmona Sánchez se grabaron voces de gran claridad, musicalidad y con buena amplitud, casi al mismo nivel de una voz normal. El ambiente donde se observaron estas inclusiones fue una atmósfera de ameno compañerismo entre Anabela y José Ignacio, quienes compartieron puntos de vista y experiencias en conversaciones alegres y relajadas. Creo que esta comprobación es importante y debería ser objeto de futuras investigaciones, puesto que puede contribuir a la comprensión del fascinante y complejo fenómeno de las voces psicofónicas. Otro punto que se debe destacar es que ninguna voz grabada hasta hoy en el transcurso de la serie de experimentos realizados es irrelevante o aparece fuera de contexto. Todas las voces son pertinentes en relación con las preguntas de los experimentadores, o con la situación y contenido de sus conversaciones. El contenido de las voces grabadas durante estas pruebas parece implicar claramente la existencia de inteligencias autónomas plenamente conscientes del entorno físico y psicológico de todos los participantes en los experimentos.

Otro punto de interés, ya mencionado, es el muy probable papel del ruido como portadora preferente para la formación de las voces.

En resumen, sin ningún ruido adicional, como fue el caso de la cámara acústica del Laboratorio de la Universidad de Vigo y también del estudio Metrópolis, en un ambiente formal de experimentación, que posiblemente envuelve alguna tensión, las voces registradas tienen bajísima amplitud y necesitan de gran amplificación para tornarse audibles a un oído no entrenado. Es interesante observar que, aunque se esté grabando sin portadora diseñada y elegida para el experimento, las voces de los experimentadores en el laboratorio están en el aire puesto que ellos hacen preguntas, como lo están durante sus conversaciones informales y amistosas cuando se han registrado voces de gran calidad. Consecuentemente, en nuestra opinión la pregunta que se impone en el campo de las hipótesis es la siguiente: si de alguna manera las vibraciones producidas por las voces de los operadores son utilizadas por los comunicantes, ¿por qué no lo son de la misma manera en los experimentos de laboratorio? ¿Qué otros factores desempeñan un papel en la misteriosa área de las voces psicofónicas?

Cuando en el ambiente del laboratorio acústico se introdujo una portante acústica –ruido aleatorio de la radio, CD grabado con ruido blanco, música relajante y agradable– las voces mantuvieron las características ya señaladas de baja amplitud y en algunos casos de difícil comprensión. Una excepción a esta generalización es la bella voz femenina de gran resonancia que dice «*somos nós sim*» grabada el 27 de junio, durante la experimentación de Anabela Cardoso, cuando se dirigió a sus habituales comunicantes de la Estación Rio do Tempo (V. *Progress Report* Nº 2).

Cuando la atmósfera es jovial, amigable y relajada, las voces anómalas grabadas, hasta ahora, han sido mucho más claras y altas. Algunas de ellas son de gran belleza como la voz que dice «no cree». Indudablemente estos postulados merecen ser profundizados.

SUGERENCIAS
DE JOSÉ IGNACIO CARMONA

Sugiero para futuras investigaciones procurar un protocolo previo que sea observado por cada uno de los investigadores sin dar lugar a la improvisación de técnicas o métodos personales. Asimismo, sería recomendable incluir la figura de un físico[18] o especialista que posea equipos capaces de parametrizar todas las variantes mensurables que rodean la grabación.

Como matriz para desarrollar un futuro proyecto, que cuente con los medios y financiación necesarios, sugiero además la idea de monitorizar las constantes del experimentador y los impulsos cerebrales durante la sesión.

Hubiera querido constatar en estas inmejorables condiciones, la sincronización del momento del registro de una voz paranormal con una oscilación brusca del campo electromagnético próximo a la experiencia.

---

[18] En la segunda fase se incorporó una física quántica alemana.

Este tipo de pruebas tienen como objeto mensurar si el fenómeno psicofónico es capaz de operar en el entorno inmediato del experimentador y su máquina. Entiendo que las voces tienen un componente acústico y otro electromagnético, es interesante subrayar que en este experimento ha quedado demostrado cómo, sin utilizar un sustrato de ruido de fondo adicional, el componente acústico se resiente, las voces son más débiles o casi imperceptibles. En mi experiencia personal nunca he obtenido una voz al anular la entrada del micrófono.

ANEXO 2

EJEMPLOS REALES DE PSICOFONÍAS Y VDR

Como apoyo divulgativo, he autorizado a la editorial de este libro para que aloje en su página web varias de las psicofonías y voces directas de radio (VDR) que he grabado personalmente; se pueden descargar en: **http://www.nowtilus.com/**

Psicofonías:

«Soy una persona», «Detente», «Sufre», «Estamos cerca», «Os veo», «No quiero nada de ellos», «Sorpresa», «Muerte», «Fascista», *«Raudive ad sus discipulum»*.

VDR (voces directas de radio):

«Bienvenido», «Hola», «Quién eres», «Quién me llama», «No hace falta», «Aún existimos», «Aquí tu voz amiga».

ANEXO 3

El Investigador Raul Puerta durante una experimentación
en una antigua batería de costa, Ferrol.

Interior de la casa abandonada de Lugo
donde el autor obtuvo dos escalofriantes psicofonías.

Hospital abandonado de Tuberculosos de CESURES.

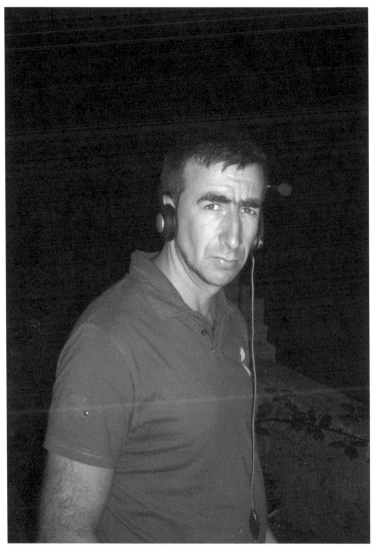

El autor durante una experimentación psicofónica.

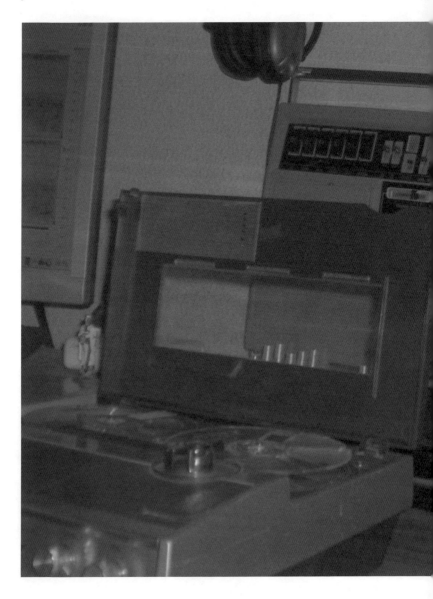

Laboratorio doméstico del autor.

JOSÉ IGNACIO CARMONA

El autor en su laboratorio doméstico analizando
unas grabaciones obtenidas.

OTROS TÍTULOS

¿Existen animales asombrosos aún
no descubiertos por la ciencia?

DANIEL ROJAS

CRIPTOZOOLOGÍA:
EL ENIGMA DE LAS CRIATURAS INSÓLITAS

Las maravillas y misterios de la Zoología.
Los animales más increíbles del mundo animal
y el origen de muchas leyendas.

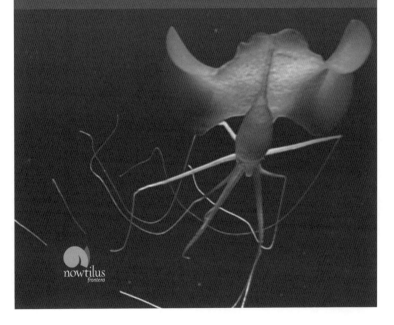

nowtilus
frontera

CRIPTOZOOLOGÍA: EL ENIGMA DE LAS CRIATURAS INSÓLITAS

Durante siglos, las leyendas han fascinado a muchos con sus fantásticos animales: Monstruos lacustres, extraños felinos, extraordinarios cánidos salvajes, dragones, calamares gigantes, serpientes de proporciones espectaculares… Varios de estos increíbles seres han inspirado mitos y creencias… ¿Tienen base real? ¿Acaso alguno de ellos ha existido en la Antigüedad?

Daniel Rojas responde a estas interrogantes y no solo presenta datos precisos, hallazgos paleontológicos sorprendentes y descubrimientos concretos sino que, además, propone un viaje por las maravillas y misterios que alberga el mundo animal destacando casos asombrosos y únicos, donde algunas especies sobrepasan toda lógica de supervivencia o existencia.

Este libro ofrece las claves para ver de una manera diferente el mundo animal, que es mucho más complejo y asombroso de lo que imaginamos.

Autor: Daniel Rojas
ISBN: 978-84-9763-816-6

¿Que misterios esconden los archivos OVNI
desclasificados de la Unión Soviética?

PHILIP MANTLE, PAUL STONEHILL

EXPEDIENTE SOVIET UFO

Todos los secretos de la inteligencia militar y científica Soviética

Tunguska, el Crash Dalnegorsk, el fenómeno de Petrozavodsk, el TU-134,
el programa secreto SETKA y todos los casos OVNI documentados

nowtilus
frontera

EXPEDIENTE SOVIET UFO

Acérquese a los más apasionantes y sorprendentes casos sobre ovnis ocurridos en la Unión Soviética y Rusia. Desde los primeros informes de la policía zarista, pasando por el caso Tunguska en 1908, el caso Robozero, la obsesión de Stalin por los platillos volantes, los documentos secretos de la KGB sobre este tema, los informes sobre los ovnis nazis, el Crash Dalnegorsk, el TU-134, los detalles del programa secreto SETKA, los avistamientos en Vorotech, los platillos volantes que sobrevolaron la catástrofe de Chernobil, el caso Petrozavodsk, los inquietantes incidentes con ovnis durante las guerras de Chechenia hasta los misteriosos intentos de la Unión Soviética para estudiar la pequeña luna Fobos de Marte.

Paul Stonehill y Philip Mantle, expertos investigadores de temas paranormales, han reunido en este libro lo más selecto de toda la gran documentación secreta y confidencial conseguida en todos sus años de estudio.

Autor: Philip Mantle y Paul Stonehill
ISBN: 978-84-9763-909-5